西部财经教育探索

（2023）

主　编◎蒋远胜　冯卫东
副主编◎李玉斗　刘良灿
　　　　傅东平　吴　平

西南财经大学出版社
中国·成都

图书在版编目（CIP）数据

西部财经教育探索.2023/蒋远胜,冯卫东主编;李玉斗等副主编.—成
都:西南财经大学出版社,2023.10
ISBN 978-7-5504-5185-8

Ⅰ.①西…　Ⅱ.①蒋…②冯…③李…　Ⅲ.①财政经济—高等教育—
教学研究—中国—文集　Ⅳ.①F8-4

中国国家版本馆 CIP 数据核字（2023）第 191478 号

西部财经教育探索（2023）

XIBU CAIJING JIAOYU TANSUO（2023）

主　编　蒋远胜　冯卫东

副主编　李玉斗　刘良灿　傅东平　吴　平

责任编辑:李特军
责任校对:冯　雪
封面设计:墨创文化
责任印制:朱曼丽

出版发行	西南财经大学出版社（四川省成都市光华村街55号）
网　　址	http://cbs.swufe.edu.cn
电子邮件	bookcj@swufe.edu.cn
邮政编码	610074
电　　话	028-87353785
照　　排	四川胜翔数码印务设计有限公司
印　　刷	四川新财印务有限公司
成品尺寸	170mm×240mm
印　　张	8.25
字　　数	139 千字
版　　次	2023 年 10 月第 1 版
印　　次	2023 年 10 月第 1 次印刷
书　　号	ISBN 978-7-5504-5185-8
定　　价	58.00 元

教育强国目标下的
财经高等教育改革创新（代序）

一、世界高等教育发展趋势与中国高等教育改革要求

进入新世纪以来，随着科技革命的不断深入，以科技为先导、以经济为中心的综合国力竞争不断加剧，再加上疫情和地缘政治冲突，给全球经济与社会的发展带来了严峻的挑战，也给世界高等教育的发展带来了挑战。2022年，在巴塞罗那举行的第三届世界高等教育大会以"重塑高等教育，实现可持续未来"为主题，提出了六大变革方向：公平和可持续地享受高等教育，为学生提供更全面的学习体验，推动跨学科、超学科的开放与交流，提供满足青年和成年人终身学习需求的途径，构建内容多样和方式灵活的综合学习体系，以技术赋能高校的教学和研究。这六个方向从高等教育发展的国际视角对我国财经高等教育改革创新提出了要求。

在党的十九大报告中，习近平总书记指出，建设教育强国是中华民族伟大复兴的基础工程。

党的二十大报告把教育、科技、人才进行一体化部署，强调"坚持教育优先发展、科技自立自强、人才引领驱动，加快建设教育强国、科技强国、人才强国"，充分体现了以习近平同志为核心的党中央对强国崛起历史规律的深刻洞察，对当今全球竞争本质和未来发展关键的精准把握。我

们认为，大体而言，教育强国的建设内容包括教育教学能力强、教育创新能力强、教育综合实力强、教育治理能力强、教育国际竞争力强五个方面。纵观世界科技发展史，16世纪以来，全球先后形成了意大利、英国、法国、德国和美国五个科学和人才中心，建成教育强国，然后先后推动这五个国家崛起成为世界强国。历史表明，教育是实现民富国强最深刻、最持久和最磅礴的力量，强国崛起无一不体现出教育兴国、科技立国、人才强国的基本逻辑。高等教育是教育强国建设的龙头，也是一个国家发展水平和发展潜力的重要标志。打造世界重要人才中心和创新高地，必须依靠高水平的高等教育。高等教育的基本目标是人才培养和科学研究。目前教育部提出的两个主要任务是"两个先行先试"：一是要在全面提高人才自主培养质量，培养一顶一的拔尖创新人才方面先行先试。二是在提高服务国家和区域经济社会发展能力和水平的"适配度"上先行先试。其主要路径和方法是"三个有组织"：一是有组织地培养拔尖创新人才；二是有组织地推进科技创新；三是围绕国家重大战略需求和区域主导先导产业，有组织地服务国家和区域经济社会发展。

2018年教育部印发的《新时代高教40条》和《六卓越一拔尖》计划2.0首次提出"新文科"概念，指出：新文科建设是指哲学社会科学与新一轮科技革命和产业变革交叉融合，形成交叉学科和交叉专业的一系列建设事项和建设工作。新文科建设包括新文科学科专业建设和新文科本科专业建设两个层面。新文科学科专业建设的目标是，把握新时代哲学社会科学发展的新要求，培育新时代中国特色、中国风格、中国气派的新文化，形成哲学社会科学的中国学派。新文科本科专业建设的目标是，优化专业结构，推动形成覆盖全部学科门类的中国特色、世界水平的一流本科专业集群，主要包括专业交叉、人才培养、教育教学改革三方面。在新文科建设背景下，财经高等教育工作者又提出了新财经建设的理念。有专家指出，新财经建设是指在科技革命和产业变革的背景下，通过树立以学生为中心、立足当前、着眼未来的财经教育理念，构建多学科专业交叉的财经学科结构，探索产教融合、教研结合的多样化财经人才培养模式，培养具有家国情怀、职业素养，能够引领新经济发展的财经人才。

二、西部高校近期的改革构想与探索

随着新财经、新商科以及数智化建设等理念的不断深入，西部高校的财经高等教育教学改革也在如火如荼地推进。2023年4月在贵州财经大学召开了"第三届西部财经高等教育改革论坛暨第十五届经济管理学院院长联席会"，在主旨报告环节，贵州财经大学、四川大学、西南财经大学、四川农业大学的校院领导和专家做了学术报告，主题报告环节有西华大学、西南石油大学、成都理工大学、重庆工商大学、西南民族大学、贵州理工大学、铜仁学院等20多个单位的院长、系主任和部分产教融合企业及出版社进行了教学改革的交流发言，会务组收集了部分论文，不少校院领导、系主任对学科专业建设、课程建设、教材建设等方面进行了实践探索总结，提出了未来改革构想。

首先，在专业建设方面，近十所高校实施了不同模式、不同重点的改革探索。自2015年国家提出"双一流"建设战略，各地方高校纷纷掀起了建设一流专业的热潮。由于区域异质性，西部高校在一流专业建设改革中依靠学校特色，突出比较优势，实施错位发展，体现出了自身的一些特点。贵州财经大学劳动与社会保障专业专注于地方性经济与社会问题，注重案例教学研究，建立劳动与社会保障实践实训仿真教学平台，在创新实践教学、启动智慧教学环境下的课程思政建设、注重学生创新与实践能力提升等方面逐渐形成优势明显、特色鲜明、西部有影响的人才培养模式。四川文理学院为推进建设高水平应用型大学，出台了支持八大学科专业群建设的相关文件和顶层设计方案，在教育教学改革实践中采用"人才培养目标重塑、人才培养方案重构、课程体系重建、课程团队重组、实践育人体系重设"五环并进的措施，积极推动商科专业的改革和发展。攀枝花学院经济与管理学院立足攀西地区战略资源综合开发和区域产业升级以及企业数智化转型，坚持"立德树人、产教融合、应用为先"的办学理念，不断探索新技术、新学科和会计教育的结合，培养掌握现代先进技术方法并引领经济发展的应用型会计人才。西南科技大学对新文科建设背景下经济学专业数智化转型进行了探索和实践，四川师范大学一流本科专业金融工程进行了改革实践，西南民族大学对人力资源管理专业以培养胜任力为导向进行培养模式改革，都取得了较好效果。此外，西南财经大学与电子科技大学的跨校优势专业交叉也取得了较好成效，四川农业大学的"金融学—计算机科学与技术"主辅修专业实验班，也取得初步进展。

其次，在课程建设方面，部分西部高校结合课程特性，在课程内容建设、课程资源建设、授课方式创新等方面提出了建设的新路径。乐山师范学院经济管理学院结合教学调研和市场调研，在课堂教学中融入实例教学以激发课堂上学生的积极性和主动多角度思考问题的能力，从通过问卷调研方式请学生对教学效果进行评价和教师观察评价学生的后续学习情况两个方面进行了教学验证；攀枝花学院经济与管理学院采用"电子沙盘模拟+线上课程资源建设+第三方人工智能技术引入"方式丰富财务共享实验课程实验实训；宜宾学院在高级财务管理课程教学改革中优化教学内容的重点、难点以及教学内容之间的逻辑关系和层次结构，引入最新的研究成果和案例，展示课程前沿动态和创新趋势；西南石油大学经济管理学院通过数字赋能与翻转课堂的融合应用创新改进了会计学课程教学等；贵州财经大学对员工关系管理课程的改革目标和路径进行了创新的设计和构想。

最后，在教材建设方面，高校教材建设是高校开展教学活动的基础和前提。在新财经教材高质量发展中，地方院校应将思政元素融入新财经教材，提升教材前沿性和实践性，加强新形态教材建设，满足地方财经院校新财经人才培养和教学需要。西南财经大学出版社积极探索支持地方高校财经类教材建设路径，提出了很多的构想。新形态教材的设计应当综合考虑学科内容的多角度、教学目标的多维度、培养对象的多层次、表现形式的多样化等方面的因素，充分发挥各种媒介的优势，优化教材内容组织模式、完善教材内容结构、补充教材内容呈现方式、增强教材育人功能。四川农业大学经济学院主编的《金融学》教材把国外金融创新产品、国内近年的金融改革成果和制度创新引入教材，恰当体现课程思政教学需求，引导学生思考我国金融发展中的实际问题，并在当前乡村振兴背景下增加"乡村振兴金融"一章，构建了以农村金融和红色金融为特色的课程思政教育思路，形成了一套独具特色的集多媒体课件、习题集、案例集、试题库、课外阅读资料、红色金融短视频、网络资源链接指引于一体的立体化教学资源，在拓展教学内容，促进学生自主性学习方面起到很好的效果。

三、今后财经高等教育的改革方向

为顺应高等教育的国际发展趋势，对照教育强国建设对高等教育的要求和新文科建设对财经高等教育领域的要求，结合西部高校的实际情况，我们认为西部财经高等教育教学下一步的改革方向主要有下面五点：

第一，学科专业交叉化。经济管理类专业要把握新时代经济管理学科发展的新要求，与数学、计算机、法律、政治、国别与区域学等学科专业交叉融合，加强新兴学科专业如数字经济学、国别与区域学的建设力度。既要培养掌握经济学基本理论和一般方法，能运用于世界经济和全球治理、国民经济和战略管理的经济学、管理学基础拔尖人才，又要紧跟产业发展前沿和聚焦新一代信息技术与产业的深度融合，培养能服务于区域经济、产业发展、企业管理和公共管理的应用型人才。

第二，教学内容区域化。目前的财经类教育仍然存在西方经济学比重过大的问题。中国是世界范围内经济发展最快的主要经济体，中国以公有制为主体、多种所有制经济共同发展，按劳分配为主体、多种分配方式并存的分配制度以及社会主义市场经济体制的基本经济制度，区别于西方的资本主义制度。因此，中国的财经类课程必须以马克思主义政治经济学为主导，以西方经济学为借鉴，以中国经济为主体，培养服务于新型工业化、城镇化、信息化和农业现代化，服务于西部地区高质量经济发展、高水平改革开放和乡村振兴战略，服务于国家治理体系和治理能力现代化特别是地方和基层治理现代化的经济管理人才。

第三，产教科教融合化。为了更好地服务国家和区域经济社会发展，财经高等教育首先要与国民经济和区域经济的主导产业深度融合。联系实际，当前主要与西部地区的电子信息、装备制造、能源化工、食品饮料、新型材料、金融保险、商业贸易、旅游康养和数字经济等深度融合。要充分讲授各产业发展场景所需的经济管理知识、方法和操作技能，也要学会把经济理论运用于各产业场景进行分析、研判，包括教材的产业化更新、师资面向产业培训、行业师资参与教学等。其次是教学与科研融合。国际高等教育发展趋势不仅是学习知识，而且要学会创新，学会生产知识。当前经济管理类教育教学可与科研院所、大型企业战略研究部、地方政府的政策研究室和行业学会等合作提供研究课题和研究机会。各科研主管部门如科技厅，甚至国家自然科学基金和国家社会科学基金，可以把顶尖人才培养关口提前，为基础拔尖学生的培养提供小型科研项目支持。

第四，教学手段数字化。目前，以"大智移云"（大数据、智能化、移动互联网和云计算）为代表的新一代信息技术发展迅猛，新财经呈现出深度科技化、高度智能化、交叉融合化、集群复合化的发展趋势，对财经专业人才的知识结构、学习能力、适应能力、创新能力等方面提出了挑战。财经高等教育需要提升经济管理的教育技术装备水平，充分运用数字技术建立健全线上教学平台，大力建设优质线上慕课（MOOC）、小规模限制在线课程（Spoc）等，采用线上线下相结合的模式，来实现教学的便利化、低成本化；积极探索生产式人工智能如 ChatGPT 辅助教师教、辅助学生学的有效途径；增加行业数字化课程，如 python 语言编程、增加虚拟实验室、模拟软件的开发和运用，促进国内校内资源共享、推进教学资源跨地区、跨学校共建共享。

第五，教育模式国际化。要提高财经高等教育的国际影响力，主要是推进财经高等教育教学国际化，包括来华留学、出国留学和中外合作办学三个方面。一是来华留学，目前主要是相关高校要增加有特色的与"一带一路"倡议相关的经济管理类专业如国际经济与贸易、农业经济管理、数字经济学等的全英语、双语专业，地方政府和高校适当增加奖学金，吸引涉及"一带一路"倡议国家的本科生、研究生前来学习。二是出国留学，有自主申请和有组织地派出两种形式。自主申请有公派、自费两种渠道，主要是到国外知名高校攻读硕士和博士学位。不少高校进行有组织的出国留学如中外"2+2"或"3+1"等联合培养模式，通过国内双语学习适当过渡，然后派往国外知名高校学习。三是中外合作办学，主要是各类外国高校到中国办独立学院如宁波诺丁汉大学、西交利物浦学院等，也有各类由教育部批准的来华留学生项目，包括国家一流大学到国外办独立学院如北京大学英国校区、老挝苏州大学等。未来，西部的一流高校也需要努力走出国门办海外校区以扩大国际影响力。

蒋远胜

2023 年 9 月

目　录

数字赋能与翻转课堂相结合的
会计学课程改革探索

哈斯乌兰　郑小强　赵艺

（西南石油大学经济管理学院）

摘要：数字化时代的到来，为会计学教学改革提供了机遇。数字技术的应用，如互联网、移动设备、大数据等，为会计学的教学提供了新的平台和渠道。数字赋能的会计学课程教学改革是当下教育行业非常重要的一个话题，它不仅是教育行业而且是会计学科未来发展的重要方向。同时，数字技术的广泛应用也为实施翻转课堂教学模式提供了可能性，使得学生可以更加深入地理解和应用会计学知识，从而提高其学习效果。本文旨在探讨数字赋能与翻转课堂结合的会计学课程教学改革的理论依据及具体实施方案，为会计学课程的未来发展提供参考。

关键词：数字赋能；翻转课堂；会计学；教学方法；教学改革

一、引言

随着信息与数字技术的快速发展和普及，数字赋能已然成为现代教育教学改革的重要趋势与重要手段。习近平总书记在《努力成为世界主要科学中心和创新高地》一文中指出："中国要强盛、要复兴，就一定要大力发展科学技术，努力成为世界主要科学中心和创新高地"，强调了技术创新的重要性，而数字赋能可以将信息技术与教学相结合，实现了课程资源共享、多样化的学习方式和多媒体教学等，使得教育教学过程更加丰富和多样化。翻转课堂，作为一种新型的教学方法，把传统课堂中教师在课堂上讲授知识、学生课后进行问题解决的教学模式变成学生课学学习课程内容、课堂上则在教师的指导下进行深层的学习活动的教学模式，提高了学生的自主学习能力。

数字化时代的到来为高校会计学教育带来了新的挑战与机遇。会计学作为一门实用性较强的学科，是管理学、经济学、金融学等领域的基础学科，一直以来都是高校中非常重要的专业之一。会计学的核心是财务报表分析。在传统的会计学教学中，学生主要是通过听讲和记忆的方式学习会计学知识。讲台似乎已然成为教师与学生之间的"鸿沟"，教师在讲台上殚精竭虑，企图面面俱到，而讲台下"听书"的学生却是兴趣索然、心不在焉，学生机械接受，最终导致"消化不良"。因此，如何创新会计学教育方式，提高学生的学习兴趣，一直是会计学教育工作者需要解决的问题。数字赋能与翻转课堂相结合的会计学课程改革，则是为了应对这些问题而开展的一项探索。

二、为什么要将数字赋能与翻转课堂结合起来进行改革探索

（一）传统课堂教学的利弊

传统课堂教学是一种教师主导、学生被动接受的教学模式，其主要特点是教师在课堂上传授知识，学生在课堂上接受和记录知识。因此，传统课堂教学模式的优点在于，它能够提供一种统一的教学内容和标准，让学生有一个明确的学习目标。此外，教师在课堂上可以及时纠正学生的错误或不足之处。这种模式在过去曾是主流的教学模式，但是，随着数字化教学工具和翻转课堂模式的兴起，传统课堂教学模式的局限性也逐渐显现出来。传统课堂教学模式的缺点在于学生缺乏参与感和主动性。在这种模式下，学生通常是被动地接受教师的讲解，因而很少主动思考。同时，由于教师的讲解往往是线性的，没有考虑到学生的差异性，因此可能某些学生存在学习困难。

（二）单纯线上教学的利弊

虽然现在各高校的"金课"倡导采用线上教学，以节省时间和空间成本。线上教学，让学生可以在任何地方接受教育，不必前往学校，不用考虑交通和住宿等问题，同时也方便了教师进行远程授课和管理。线上教学可以提供更加灵活和个性化的学习体验，学生可以根据自己的学习节奏和兴趣，自主选择学习内容和时间，并且可以随时回顾和巩固学习成果。此外，线上教学还可以为教师提供更多的教学资源和工具，如在线测试、虚拟实验等，从而更好地激发学生的学习兴趣和积极性。然而，需要正视的是，线上教学也存在着一些问题。一方面，线上教学可能会导致学生的学习效果不佳。因为，线上学习往往需要学生更多的自主学习和自我约束，学生需要更好的时间管理和学习方法，否则可能会浪费时间或者效果不佳。另一方面，线上教学可能会增加学生的孤独感和焦虑感，从而影响学生的心理健康和学习态度。同时，线上教学也存在着技术和设备限制的问题，不同学生的网络和设备环境可能不同，可能会影响学习体验和效果。

（三）数字赋能与翻转课堂结合的理论依据

数字赋能将信息技术与教学相结合，以实现教学模式的多样化和教学资源的共享。在数字赋能的支持下，教师可以根据学生的知识掌握情况和学习风格，采用个性化的教学策略和手段，以帮助学生更好地掌握知识和技能。而翻转课堂则是一种新型的教学方法，将传统的课堂教学方式颠覆，使得学生在课堂外通过视频、网络等途径学习课程内容，而将课堂时间用于互动和探究式学习。具体地应用到会计学课程中，翻转课堂可以打破传统的教学模式，让学生在课堂外通过观看视频和阅读教材等方式先行了解课程内容，并通过课堂讨论、案例分析等方式深化学习，由"过度依赖教师"转变为激发自我主动学习。在翻转课堂上学生在课堂上能够主动地学习、讨论和合作，而教师在课堂上扮演指导和辅助的角色。

数字赋能与翻转课堂相结合，为会计学教学的改革提供了新的思路和方法。学校可通过数字赋能来满足学生的数字学习需求，通过翻转课堂来提高学生的自主学习能力和合作能力，以达到更好的教学效果。一方面，数字赋能与翻转课堂相结合可以有效地提高学生的学习成绩、学生的参与度和学生的学习兴趣等。在会计学课程中，数字赋能与翻转课堂的结合可以采用多媒体教学、网络教学、虚拟实验等方式，使得学生在课堂外先行了解课程内容，并通过课堂讨论、案例分析等方式深化学习。同时，数字赋能与翻转课堂的结合可以增加课堂互动，提高学生的参与度，增强学生的学习兴趣。另一方面，数字赋能与翻转课堂相结合可以帮助教师更好地应对教学难点和学生学习需求。例如，教师可以在课前通过网络平台发布教学资料和课程视频，让学生在家自学。在课堂上，教师可以通过课堂讨论和案例分析等方式，引导学生深入思考和探究，培养学生的理解和应用能力。此外，数字赋能还可以帮助教师实现精准评估和教学反馈，以更好地促进学生的学习进程和教学质量。

三、数字赋能与翻转课堂在会计学课程中的应用

（一）数字赋能在会计学课程中的应用

在数字化时代，各种在线工具、软件和应用程序广泛应用于会计学的教学中，这些工具在教学中发挥了积极的作用。例如，通过在线平台，教师可以上传课程资料和学习资源，为学生提供更加丰富的学习体验；通过网络视频等多媒体教学手段，教师可以创造更加生动、形象的教学氛围，提高学生的学习兴趣和参与度；通过在线测试和作业，教师可以及时了解学生的学习情况，为学生提供个性化的学习指导和反馈；通过数字化技术的应用，教师可以为学生提供更多的实践机会，比如使用会计软件进行模拟实践、进行财务报表分析等，加深学生对理论知识的理解的同时也能锻炼学生的实际操作能力。因此，这些数字化教学工具的应用，不仅可以提高教学效果，也可以为学生提供更加便捷、多元化的学习体验，增强他们的学习积极性和主动性。

（二）翻转课堂在会计学课程中的应用

与传统的课堂教学模式不同，翻转课堂模式将课堂时间用于学生自主学习和思考，而将课堂之外的时间用于互动讨论和实践操作。在实际的会计学课程中，在翻转课堂模式的助推下，学生需要在课前自主学习相关知识，以便在课堂上更好地参与互动讨论和问题解决，而这种自主学习的过程可以帮助学生培养自主学习和探究能力，提高他们的学习效果和兴趣进而使学生更好地理解和掌握会计学的概念和实践应用，提高学生的分析和解决问题的能力，从而更好地适应复杂的现实经济环境。例如，学生可以在课堂之外通过网络课程、阅读资料等方式自主学习相关概念和知识，然后在课堂上进行小组讨论、案例分析、实验操作等活动，与同学互动、交流经验，加深对所学知识的理解和掌握从而提高学习效果，并且，学生在课堂上的积极参与和互动也可以增加他们的学习兴趣和学科探索的欲望。相应地，翻转课堂模式下，教师可以利用数字化教学工具和资源，提高教学效率和资源利用率。例如，教师利用在线视频、网络测试等方式预先将知识点讲解和测试安排在课前，让学生在自己的时间和节奏内学习和掌握相关内容，从而节约了传统教学中讲解的时间，提高了教学效率。

（三）数字赋能与翻转课堂在会计学课程教学中的融合应用

在会计学教学中，数字赋能与翻转课堂模式的融合应用可以为会计学

教学带来很多优势和改进。具体来说，数字赋能可以为翻转课堂提供更多的数字化教学工具和支持，而翻转课堂则可以使数字化教学工具更好地发挥作用。

首先，数字赋能可以为翻转课堂提供更多的数字化教学资源和工具。比如，教师可以利用数字化教学平台或在线课程来提供更丰富的教学资源，如 PPT、视频、动画等多媒体资料。同时，数字化教学工具还可以为学生提供更便捷的学习支持，比如在线测试、学习计划、学习笔记等。其次，翻转课堂模式可以使数字化教学工具更好地发挥作用。通过翻转课堂的方式，学生可以在课前独立学习，通过数字化教学工具对所学知识进行学习和巩固，从而更好地理解和掌握课程内容。在课堂上，教师可以通过互动性更强的课堂讨论和实践活动，促进学生的思考和应用能力，加深对知识的理解和应用。最后，数字赋能与翻转课堂模式的融合应用还可以为会计学教学带来更多的创新和改进。通过数字化教学工具和翻转课堂的结合，教师可以更灵活地设计教学内容和方式，创造更具互动性和创新性的教学环境。同时，学生也可以通过自主学习和参与课堂讨论等方式，积极探索和学习会计学知识。

四、数字赋能与翻转课堂背景下会计学课程改革的思考

（一）教师教育培训

教师在数字赋能翻转课堂中扮演关键角色，只有教师掌握了数字化教学技术和翻转课堂的理念，才能够有效地开展教学工作。因此，加强教师的数字化教育培训是非常必要，高校可以开设相关的培训课程，或者邀请专业机构或企业来开展相关的培训工作，让教师能够掌握数字化教学技术和翻转课堂的理念。同时，教师还应培养翻转课堂教学意识，了解翻转课堂的概念、优点和方法，并能够将其运用到会计学课程中，例如如何设计预习和课堂互动环节。

（二）学生自主学习能力培养

数字赋能与翻转课堂相结合作为一种新型的教学模式，需要不断地探索、创新与完善，通过引入更多的教学手段和教学资源，如虚拟实验、在线课程、互动课件等，丰富教学内容和形式，提高教学效果和学生的学习体验，进而使得学生的学习方式发生"颠覆式"变化。因此，教师即在课

程中可以加强对学生自主学习能力的培养，让学生具备独立思考和解决问题的能力。例如，教师可以通过引导学生进行课外阅读、小组讨论等方式来培养学生的自主学习能力；通过让学生参与实际会计项目，不断提高自己的学习能力和综合素质。

（三）课程内容设计

教学模式的更迭，使得课程内容也需要做相应的调整。在传统教学模式下，会计学课程通常以讲授理论知识为主，学生只能被动地接受知识。而在数字赋能和翻转课堂模式下，会计学课程的内容设计需要更加注重实践教学、案例教学、互动教学等，以促进学生主动学习和实践能力的提升。具体来说，数字赋能和翻转课堂模式下的会计学课程的教学内容可以从以下几个方面进行调整：①课程内容的更新和调整。数字化时代的会计学需要涵盖更多的领域和知识，如财务数据分析、数据挖掘和预测、人工智能等。因此，课程内容的更新和调整是必要的。②实践教学的加强。数字赋能和翻转课堂模式下，实践教学成为更加重要的教学方法。会计学课程需要引入更多的实践案例、模拟分析、实验教学等形式，以帮助学生更好地掌握知识和技能。③学习资源的多样化和丰富化。数字化时代下，学习资源的多样化和丰富化是必要的。会计学课程需要提供更多的学习资源，如在线视频、电子书、网络测试等，以满足学生的学习需求和提升学习效果。④互动教学的加强：翻转课堂模式注重学生的主动学习和互动，因此互动教学成为更加重要的教学方法。会计学课程需要引入更多的讨论、小组作业、课堂互动等形式，以提升学生的参与度和积极性。

（四）考核方式改革

在数字赋能和翻转课堂模式下，传统的考核方式已经不能很好地适应学生的学习方式。因此，应该对考核方式进行相应的改革，具体可以从以下几方面着手：①增加课程作业和小组项目。翻转课堂模式强调学生的自主学习和参与，学校可以通过增加课程作业和小组项目的形式来提升学生的参与度。同时，这些作业和项目也可以借助数字化教学工具和平台进行提交和评估，提高效率和准确度。②引入开放式考试和实践考核。传统的闭卷考试难以全面考核学生的知识和能力，而开放式考试和实践考核可以更好地反映学生的实际水平和能力。开放式考试可以借助数字化教学平台和工具进行在线考试和自动评分，大大提高效率和准确度。实践考核可以通过项目报告、实践操作等形式进行，更加贴近实际工作和实践，也可以借助数字化教学工具和平台进行提交和评估。③强化课堂互动和评价机制。翻转课堂模式强调学生主动参与和合作学习，需要有相应的课堂互动和评价机制来促进学生的积极性。学校可以采用一些数字化教学工具和平台，如在线讨论、投票、问卷调查等，来促进学生与教师之间的互动和反馈，提高教学效果。

（五）教育技术支持

在数字赋能与翻转课堂背景下，会计学课程需要进行教育技术支持方面的改革，以促进数字化教学工具与翻转课堂模式的融合应用。①提供更多的数字化教学资源和技术支持。学校和教师可以积极探索和引入适合会计学课程的数字化教学资源和工具，如在线课程、虚拟实验室、网络测试等，并向学生提供技术支持和培训，以提高他们的数字素养和在线学习能力。②鼓励教师参与教育技术培训和交流。学校可以组织针对数字化教学和翻转课堂模式的教育技术培训和交流活动，邀请专家、教师和学生分享经验和心得，促进教师的教育技术素养提高。③建立数字化教学评估机制。学校可以建立数字化教学评估机制，对数字化教学工具和翻转课堂模式的应用效果进行评估和反馈，以便及时进行调整和改进。④提供教育技术支持服务。学校可以设置教育技术支持服务中心，为教师和学生提供技术支持和服务，帮助他们解决数字化教学和翻转课堂中遇到的问题和困难。⑤积极推广数字化教学和翻转课堂模式。学校可以积极推广数字化教学和翻转课堂模式，通过宣传、展示和培训等方式，让更多的教师和学生了解和接受这种新型的教学模式，促进数字赋能与翻转课堂的应用与推广。

五、结论

数字赋能和翻转课堂是当今教育领域的热点和趋势，对于会计学课程的改革和创新具有重要意义。数字化教学工具和翻转课堂模式的应用，可以为会计学课程提供更加丰富和多样化的教学资源和学习方式，使会计学教育更加高效、便捷、生动，进而使学生更好地掌握会计学的核心理论和实际应用技能。然而，要使数字赋能与翻转课堂相结合的教学模式落地，仍存在一些问题和挑战，需要不断地探索和创新。在推进数字赋能翻转课堂的应用过程中，还需要多方面的努力和探索，以实现教育教学的全面升级和提高。

参考文献

［1］郭建鹏. 翻转课堂教学模式：变式与统一［J］. 中国高教研究，2019（6）：8-14.

［2］郭建鹏. 翻转课堂教学模式：变式—统一——再统一［J］. 中国大学教育，2021（6）：77-86.

［3］毛齐明，王莉娟，代薇. 高校翻转课堂的实践反思与超越路径［J］. 高等教育研究，2019（12）：75-80.

地方高校金融工程一流专业建设理论与实践探索[①]

李康荣

（四川师范大学经济与管理学院）

摘要： 技术的快速进步推动现代金融深刻变革，社会的过渡转型促使金融功能多元发展，国家社会经济对金融人才的需求呈现出新的特征，金融工程专业的建设需要推陈出新、破立并进。本文以四川师范大学金融工程一流本科专业建设为例，提出了在教育部"双万计划"的推动下，地方高校金融工程一流专业如何抓住建设契机，以问题为导向，依靠学校特色，突出比较优势，实施错位发展，强化专业建设，培养金融工程人才；进行了专业培养目标定位、课程改革、产教融合、校企合作、实践实训、质量保障等方面的实践探索。

关键词： 地方高校；金融工程；一流专业；理论与实践

一、背景

自 2019 年教育部办公厅发布《教育部办公厅关于实施一流本科专业建设"双万计划"的通知》以来，遵循分类建设、特色发展的原则，确立中央部门所属高校、地方高校两个赛道，分批分次评出了两万个国家级一流本科专业建设点。如何将一流本科专业建设点建设成真正的一流专业、培养出真正的一流人才，成为高校迫在眉睫的任务。金融工程专业涉及经济学、金融学、计算机科学，涵盖了管理、工程、技术类基本知识，课程更新快、教学设计难、实践应用强、社会期望高。与此同时，随着人工智能、区块链等技术的不断发展和对金融业务的服务支持，科技金融、智慧金融、数字金融、绿色金融、低碳金融层出不穷，智能获客、智能风控、智能客服、智能计算等金融应用场景日新月异，作为数据密集型的金融行

---

① 四川师范大学校级教改课题资助项目，项目编号：XJ20220707。

业已发生了颠覆性的变化。各个高校虽然实际情况差别大，但是普遍追求大而全、高精广，存在专业定位不准、课程设置不当、培养目标不清、培养体系不优等问题，金融工程专业如何分类培养、错位竞争、适度建设、持续优化，一方面迎合一流专业建设、另一方面迎合社会需求，显得尤为重要。

二、建设实践

信息社会金融专业人才需要具备更广的金融信息素养、更多的金融专业知识、更强的金融综合应用能力。信息素养是对信息社会的一种适应，包括信息的搜集获取、信息的分析评价、信息的处理应用，需要将信息素养的培养融入课程、课堂和教学中去，培养金融专业学生敏锐的信息嗅觉。从金融专业知识方面来说，信息社会的金融专业人才不仅需要掌握基本的经济金融知识，还需要熟悉计算机、数学、统计学等知识，同时也需要对金融项目、金融营销、金融科技等知识进行及时的学习和不断地更新。在金融综合应用能力方面需要金融人才能够掌握数据搜集、整理、分析、应用的能力，能够熟练使用各种金融软件进行量化分析解决金融实际问题，具备一定的沟通、协调、管理能力，对金融项目进行条理化管理。

信息时代社会经济结构发生了巨大变化，职业的专业性和技术性更加突出，知识创新将成为社会发展的巨大动力，对未来的关注度越来越高。金融专业人才培养应该紧扣这些特征，把握时代方向。

一方面是社会快速变革，另一方面是残酷的竞争。截至 2021 年 9 月 30 日，我国已经建成 3 012 所高等学校，其中普通高等学校 2 756 所，全国各种形式的高等教育在校生规模达到 4 183 万人，目前每年都有 1 000 万新的专科学历以上的应届毕业生，其中本科毕业生每年超过 400 万人。这些数据反映我国高等教育已经达到大众化水平，但是客观现实就是层次化差异大，学校、教师、学生、资源参差不齐，尤其是处于中间层级的地方高校，如何充分利用自身优势，建设一流专业，成为众多建设点的关注重心。

四川师范大学是省属重点大学，办学规模庞大，学科门类齐全，是同类型大学的重要样本。目前拥有 56 个本科专业，要想进入"双万计划"，申报不易，建设更难，尤其像金融工程这类师范院校的非师范专业，一流专业建设没有经验可循。

为此，我们进行以下几个方面的探索和实践。

（一）转变观念、精准定位

不同层次的学校应该明确自己的办学目标、教育理念和办学特色，在专业建设、师资力量、办学理念、学生群体、办学特色、办学目标、地域发展等方面应有清晰的自我认识和角色定位。

四川师范大学金融工程专业创办于 2013 年，2018 年确立为四川省应用型示范本科专业，2021 年确立为四川省省级一流本科建设专业，2022 年确立为国家级一流本科建设专业。在四川省及西南地区，有一流学校四川大学、有行业性优质高校西南财经大学，有公立学校，有民办高校，我们不走同质化路线，实施错位竞争、突出比较优势、找准建设定位，确立了"立足四川，面向全国，培养具有扎实理论功底、较强实践能力、较好综合素质的经济类、管理类应用型人才"的办学宗旨，准确把握职业目标定位、区域定位和知识能力定位。具体来说，四川师范大学金融工程专业培养职业目标定位是培养能够在金融机构、政府部门、企事业单位及其他相关部门，从事金融分析、证券投资、公司财务、理财、保险等工作的高素质应用型人才，同时具备在金融学、经济学及相关领域继续深造的潜力；区域定位是立足四川、扎根西南、面向西部、辐射全国；知识能力定位包括科学知识、专业能力、工作能力和职业素养四个部分，其中科学知识包括人文社会科学知识（如思想道德修养、法律基础、马克思主义基本原理、中国特色社会主义理论体系、文学、历史、艺术等人文社科知识）、数学与自然科学知识（如高等数学、线性代数、金融数学、概率统计等）、工具性知识（如外语、文献检索）和专业基础知识（如金融学、经济学、经济法、会计学、公司金融、金融衍生工具、证券投资、金融计量、统计学、数据库、程序设计等专业基础知识），专业能力包括设计开发能力、工具应用能力、工程与社会能力、项目管理能力和实践创新能力，工作能力包括分析问题解决问题能力、创新思维能力和沟通交流能力，职业素养包括职业道德、社会责任和终身学习。

（二）强化应用，凝聚方向

我国进入经济发展新常态，经济增长转向创新驱动，企业是创新驱动发展的重要载体，金融是支持企业成长的"血液"，人才是推动创新驱动发展的"骨架"。没有金融的支持，科技型企业即使有技术成果的转换，其生存和发展也会受到限制，所以构建支持创新创业的多层次金融市场体系，就必须实现技术创新和金融创新双轮驱动。要实现金融创新，必须依靠金融及金融工程专业人才的培养，尤其是四川作为中国西部物资集散地，西部经济发展高地，长江经济带重要组成部分，虽然金融机构在西部地区数量最多、种类最全、开放程度最高，但还远远不能适应当前社会经济发展形势的需要，尤其是金融人才缺失更是严重。同时为了适应四川省委省政府"5+1"现代产业体系的发展和"一干多支"发展战略，金融支持也是不可或缺的，金融与其他产业的发展表现为既共生又促进的关系，二者互为影响因素，一方的发展会进一步引致和促进另一方的发展。

在川高校举办金融工程专业的学校屈指可数，四川师范大学抓住契机，以应用型专业建设为起点，一方面坚持"创新研发"引领，强化"教学研发+理实一体"，深入"内部优化+外部辐射"，形成了较为明显的虚拟仿真研发能力和资源优势。在重视理论教学的同时，综合运用虚拟仿真技术，研发仿真教学，解决学生无法接触企业核心业务、工作经验积累、团队精神培养等问题。另一方面重点推行"理论平台+实践训练+学科竞赛+顶岗实习"的培养模式；强化产教深度融合，形成"本校教师+企业专家+外校导师"的教学团队，以金融教学建设、资源建设、条件保障为主线，以创新创业教育、虚拟仿真教学、企业实践教学、职业技能教学为重点，强化应用弱化理论，在应用中学习理论，逐步凝聚了稳定的培养方向。目前我们形成了应用实践类、数字金融类和理论提升类三个培养方向。

（三）校企融合、注重实践

学校是理论高地、企业是应用基地。校企融合可以应社会所需、与市场接轨；和企业合作，将在校学习和企业实践结合，将学校与企业资源、信息共享，实现双赢。校企合作旨在打造理论教学、实践应用、企业服务的立体化培养模式。

四川师范大学为了培养应用型、创新型金融人才，探索加强第一课堂与第二课堂、实体课堂与虚拟课堂教学的结合，重点从战略合作、协同研发、课程开发、实践应用等多元化、全方位、立体化深度融合。和资深企业联合成立实践实训中心、校企研究中心，企业出题目、学院出人员，共同研发企业发展热点问题。整合企业和学校资源，共同开发教学课程，携手开展教材建设，及时将行业最新应用引入教材、引入课堂。目前形成了商业银行业务与经营、西方经济学（含微观和宏观）校企合作课程，编写了《经济与管理仿真综合实习教程》《商业银行模拟经营沙盘实验教程》

《西方经济学仿真实验教程》相关教材。

更深层次的建设方式是和企业联合培养，比如连续多年和华西期货有限责任公司举办金融培训班，聘请境内外业界知名专家授课，探索零基础、宽应用联合培养的新路径；和业界企业包括金蝶软件、点宽科技等进行产学研合作协同育人项目合作。

在实践方面，培养方案设计了课程实验实训、专业见习实习、科研训练、职业资格考试、毕业论文等教学环节，培养学生的实践动手能力，形成了从入学到毕业、从专业认识到专业应用的连续性、不断线的实践应用培养模式。

（四）深挖潜力，汇聚人才

一流专业建设、一流人才培养离不开优秀的师资队伍，鉴于学校整体实际情况，我们采用走出去引进来的方式，让专业教师走进企业、走进社会，逐步实现教学型和技能型合一，同时不断加强引进校外企业家、专业技术人才、兄弟院校知名学者担任专业课程兼职教师、兼职导师、实践指导导师、就业指导导师等，建设了一支结构合理、业务精湛、适应需求、专兼职结合的"双师双能型"师资队伍。师资队伍来自高校、国有商业银行、证券公司、期货公司、保险公司等，他们都具有丰富的实操经验和行业背景，从事专业课程教学和职业生涯规划及就业指导工作，拓宽了学生视野，让学生对金融行业的人才素质、能力要求有了更加全面、理性的认识，增强了主动适应行业需求的自觉性，为应用型人才培养质量提高奠定了良好基础。

（五）健全制度，保障质量

一流专业建设需要稳定的环境，制度的本质就是要创造和谐稳定的条件。为此，学院在组织建设、质量标准、质量监控、信息反馈和质量改进五个方面建章立制，确保质量。

为了促进一流专业建设，学院成立了专门的组织机构，成员包括院级教学指导委员会（学术委员会9人）、院级教学管理队伍（3人）、院级教学督导（5人）和学生教学信息员（学习委员）。根据申报要求制定了门类齐全的质量标准，包括金融工程质量标准（人才培养方案）、主要教学环节质量标准（共14个）、学校本科教学标准、专业和课程建设标准（本科专业评估体系、精品课程建设标准）、教师和学术评价标准等。建立了"四查五评两激励"制度。"四查"是开学前、开学初、学期中、学期末的四阶段检查，对教师备课、行课、考试等环节进行检查。"五评"是审核性学院评价（年度评价、优秀评价、学校审核评估）、多层次专业评估（校内专业评估、特色专业评估）、多类型课程评选（精品课程、双语课程）、针对性专项抽查（常规专项检查、毕业论文过程督查、教师材料专项检查）、四主体课堂评价（教学督导听课议课、学院领导听课看课、同行听课研课、学生评教评课）。"两激励"是正向激励和负向双向激励。为了保证数据分析的准确性，我们建立了生源情况、在校生学习状况、应届毕业生去向和学生就业质量的统计分析数据库，分析生源质量、学生学习情况、学生就业质量等，为后续培养工作动态调整奠定信息基础。质量需要持续改进优化和提升，采取按课程群深入开展教研活动，研究教学内容和方法；采用多种途径和方式培养实验实训教师，提高实验教学质量；聘请实践经验丰富的教师承担应用性、操作性强的课程和专业引导性课程；聘请专业功底深厚的教师承担实践性很强的课程；对毕业论文和设计的选题严格把关实行专业审核、外校专家审核、学院督导审核三级审核机制，对不符合专业培养目标的题目要求教师整改；对期末考试试卷严格把关，从形式到内容，从题目到评分细则，实行教学秘书、系主任、分管院长三重审核，确保质量。

三、思考探索

一流本科专业建设是在"四新建设""以本为本""破五维"等国家政策背景下提出的，从专业角度需要入主流，不能打破教育部相关专业建设质量标准，同时也需要突出专业特色，要体现本专业的优势，凝练自己的特点。地方性高校不同于传统的"211"、"985"、双一流高校，办学资源条件相对不足甚远，需要集中优势资源推进一流专业建设。

一流本科专业建设目前还未验收，没有现成的经验可循，但建设思路应该紧扣申报书，逐一落实，至少能够厘清自身优势，在尊重事实的基础上有所提升，体现出与本校非一流建设专业、本类别其他高校相同专业有较大差异性，有相对优势。

金融工程一流本科专业建设需要注重实际效果。在观念方面不能大而全，要凝心聚力做小而精的专业特色，要突出比较优势、相对优势；需要注重应用，尤其是迎合社会需求，提高学生的社会认可度；需要携手企业，明确企业需求，将理论和实践结合；需要凝聚多方人才，齐心协同促进行业发展；需要建章立制，脚踏实地，保证质量。

四、结语

专业建设一直在路上,快节奏的信息社会更是如此,一流专业建设是适应社会变革、教育变革的产物,是没有先例的探索。但是专业建设万变不离其宗,只要高校能够精准定位,根据社会变化动态调整培养方案,脚踏实地进行课程建设,卓有成效开展校企合作、校校合作,千方百计深挖办学潜力,真抓实干进行质量控制,一流专业建设就一定会有成效。

参考文献

[1] 郑展鹏,陈少克,吴郁秋. 新文科背景下经济类一流专业建设面临的困境与实践 [J]. 中国大学教育,2022 (9):33-39.

[2] 罗养霞,郭晔. 地方高校一流专业建设特色与路径探究 [J]. 教育科学,2023 (4):20-23.

[3] 王军生,苏兴洪. 非"双一流"财经高校一流专业建设路径研究 [J]. 中国新通信,2021,23 (12):23-25.

[4] 刘娜,曹少泳,曹彦玲,等. 地方高校一流本科专业建设路径探索 [J]. 教育,2023 (2):25-27.

[5] 刘月. 应用型本科高校金融专业人才培养目标定位与课程体系构建研究 [J]. 陕西教育(高教版),2022 (7):56-58.

[6] 陈益刚,白宇,陈信朋. 中国财经高等教育百年历程回顾与一流之路展望 [J]. 高等教育评论,2019,7 (2):57-77.

[7] 张勇,向茜. 金融科技与"双一流"建设驱动下地方高校金融工程专业人才培养研究 [J]. 教育信息化论坛,2023 (7):63-65.

[8] 闫磊,王海燕. 应用型大学金融工程专业面向一流课程建设的路径研究 [J]. 江苏科技信息,2022,39 (13):78-80.

人工智能背景下的财务
共享实验课程改革探索与实践

钟君

（攀枝花学院经济与管理学院）

摘要： 本文首先分析了人工智能技术对财务共享实务已有课程和未来课程产生的影响；然后结合攀枝花学院经济与管理学院开展财务共享实验课的具体实践，发现了现有实验课程在平台、教材、课程设置、学生表现等方面存在的问题；有针对性地提出了引入电子沙盘模拟环节、完善线上课程资源、优化线下活动设置、拓展引入第三方人工智能技术等改革财务共享实验课程的路径和方法。

关键词： 财务共享；金蝶 EAS 平台；教学改革；实验课程

一、财务共享实验课的开设背景

李慧和温素彬（2023）通过描述性统计方法分析了 179 所高校的人才培养方案，其中有 36 所开设了智能会计相关课程。进一步通过可视化和共词分析法研究已开设课程的发现，智能财务共享课程的中心度位于仅次于数据库应用、数据挖掘与机器学习和人工智能类课程的第二圈层。这反映出各高校在进行会计人才培养方案智能化转型的过程中，对财务共享课程的重视。

2021 年起，攀枝花学院经济与管理学院的会计学和财务管理本科专业的大三学生开设了依托金蝶 EAS 财务共享实验平台的会计信息化实验课，替代了传统的单机版财务核算软件的实操课程，共 40 课时。较之传统财务核算软件侧重基础数据录入、会计分录编制、财务报表编制的教学内容，财务共享实验课的课程内容和授课重点有非常大的变化。财务共享实验课的课程内容包括构建案例企业财务共享平台和财务共享实务两个主题，旨在让学生掌握财务共享服务中心基本原理、工作方法、构建思路及运作模式，理解大型企业财务管理新模式的目标和价值及绩效评价逻辑；熟悉财务共享服务中心各岗位的真实业务操作，具备应用财务共享软件进行会计处理的实践能力。

二、人工智能技术对财务共享实务的影响

财务共享服务中心本身就是基于信息技术，对传统组织结构进行优化，实现业务财务流程标准化的方式。近几年，人工智能技术突飞猛进的发展，也对传统的财务共享中心带来了新的变革。具体可以从已经在财务共享实务中广泛应用的技术和未来必然会影响财务共享实务的技术两方面展开讨论。

（一）人工智能技术已对财务共享实务产生的影响

现有的人工智能技术对业务场景判定、财务数据获取、财务审批方面已经产生了重大影响，审核、对账、结账、报表等流程已经几乎可以被计算机取代。典型例子是人工智能技术对 OCR 图像识别技术的突破性优化，现有的 OCR 技术文本区域检测、深难度的卷积神经网络、字符分割与辨别等已经极大地提高了图像识别的准确率和效率。伴随着发票电子化的进程，曾经最耗费人力和时间的财务共享中的费用报销、原始凭证采集等工作变得更加快捷且避免了人为录入信息可能出现的实务或造假问题。还有语音识别技术，也内嵌进了财务共享服务的平台，丰富了操作平台实现功能的方式。

另一个对财务共享实务产生影响的典型技术是 RPA，俗称财务机器人，但其全称"robotic process automation"的含义是机器人流程自动化，并不限于财务。RPA 可以模拟人类与计算机的交互过程，根据预先设定的程序实现流程自动化，适合替代财务中的大批量、重复性工作。现在财务共享中心中广泛应用于资金管理中的银企对账、应付管理中的发票自动处理和支付自动化、报销管理中的自动识别票据、总账管理中的自动生成凭证和报表以及税收管理中的纳税申报、发票验真、开具发票等工作。

（二）人工智能技术将来可能对财务共享实务产生的影响

传统的财务共享分析在预测性决策分析的方面的弱势可以通过人工智能技术实现改善，改变过去有限数据下的预测模型不科学的情况。通过人工智能自主迭代训练算法模型，生成支持预测分析的关系网络路线，链接所有影响预测结果的显性和隐性因素，并体现不同因素的权重；甚至可以在财务执行、数据处理、决策过程中利用计算机的感知能力模拟人的思维能力，整合有价值的信息进行预处理并显示结果，更好地助力财务决策。

随着企业业务与人工智能技术深度融合，未来财务共享不仅仅覆盖财务方面，市场营销、信息网络技术、人力资源等都有机会纳入共享平台，实现真正意义上的业财融合、管控与服务并重，并且对客户、供应商也产生影响，演变为大共享时代下的新财务。

类ChatGPT的自然语言处理工具，能自主地进行数据集的训练，相比以往的自然语言处理模型大多能针对已有知识进行收集、整理与分析，它还具备主动适配人类命令、基于人工反馈增强学习（RLHF）训练方法的强自主学习能力和较强的推理预测能力，现有生成文本、代码、问答等功能中表现的快速响应能力和精确的处理能力，进一步提升了人际交互效率，对会计领域的智能化发展必将产生巨大影响。王攀娜等（2023）认为ChatGPT可根据数据库中对类似经济业务处理的结果，将获取的大量原始数据进行训练，自动生成表格、单据、账表，无须进行经济业务格式设置，仅需增强事后审核。程序自身的语料库能够迭代最新的会计准则和税收政策，结合算法的训练效果，提高经济业务处理的正确率。它既可以按照既定的会计准则填制财务报告，还可以按照企业特定的要求对非财务数据进行转化，生成内部管理报告，缩短决策信息整合时间。

三、财务共享实验课程存在的问题

（一）财务共享实验平台的限制

金蝶EAS平台有桌面端和网页端两个操作端口。桌面端用于搭建内置案例的财务共享中心，其中共享流程发布使用了金蝶BOS集成开发环境。网页端既可以对搭建部分评分，也包含了费用管理、应收管理、应付管理、固定资产管理、总账管理、出纳管理等财务共享实务的练习及评分。搭建财务共享中心中部分可以批量导入的实验资料，平台都进行了提供，可以提升搭建效率，但在组织单元搭建过程中，如果直接使用批量导入，其实非常不利于学生理解各个组织结构的层级关系及相关属性设置对后续财务共享流程运行的影响。此外，财务共享实务部分，各类业务的流程其实相对简单，学生很快可以熟练，核心难点在审核上。但现有内置案例，集中在违反财务规则的案例上，未充分训练学生对普遍的财务规则的判断能力；且审核要点相似但题量较多，学生实操过程中主要在案例基础数据采集及录入上耗费时间，做完整套实训任务后，学生普遍反馈觉得重复性的工作太多。而据了解，金蝶开发了集成 RPA 功能的财务共享教学平台，该平台对于实务中的重复性基础数据采集及录入工作均实现了流程自动化。但该功能模块无法集成更新到现有平台上，导致课程后期的实务训练未能更高地实现课程目标。

（二）财务共享实验平台配套教材的不足

金蝶 EAS 内置了包括教材、视频在内的教学资源，也有独立的公开出版的实验教材。但这些资源或教材都存在一个共性问题：更像实操说明书，而非教材。对财务共享理论、流程设置的原因及目的等介绍不多，即侧重于介绍怎么做，而非讲解为什么要这样做、不这样做或者做错了可能产生什么影响。零星的课后思考题也更侧重于操作，而非启发式的思考。课程内置案例的操作过程也多只介绍了一种流程，而忽视了其他可以达到实操目的的流程，甚至部分介绍的流程并非最简洁高效的。学生按部就班地照教材步骤完成实验任务，不利于其对财务共享原理的理解和创新性思维的训练。

（三）财务共享实验课程设置的不足

财务共享的实务和概念等知识尽管在其他财会专业课有提及，但基本没有系统的阐述。财务共享实验课之前并没有前置理论课程。学生在接触到财务共享实验课时，倾向于将其简单地理解为软件操作的实验课，对财务共享的流程再造价值欠缺理解，对角色、权限等基础概念的理解也不够到位，没有充分理解财务中心共享岗位的相关工作的关系。课程内容安排上严格遵循实验平台的内置任务和教材要求，受课时限制，也未进行更多的拓展。

传统实验报告要求学生自主撰写实验过程、实验结果和实验体会。实验过程由学生自主填写，仅能要求关键信息都包含，但详略由学生自主决定。教师在进行实验报告评分时，评分标准比较粗略，实验报告仅发挥了记录价值而非考核价值。且财务共享实务部分的实验项目的侧重点是对平台的使用，和第一阶段的搭建财务共享平台的内容侧重点完全不同，仅从实验报告上无法体现差异。

（四）学生在实验课程中的问题

第一，学生在实验中没有建立流程意识。教师尽管在授课过程中会强调步骤之间的关联，但学生先入为主地认为教材有具体步骤，按步骤操作就可以，理论部分听课效率低。且学生在实操时又容易出现忽视细节、关键步骤错漏、前期错误造成后期无法运行等问题；不明白操作的意义，对于难度稍大的拓展任务便无法独立完成。

第二，学生缺乏独立解决问题的意识和能力。在实验操作过程中，学生犯错是正常的。但当面临系统弹窗时，学生往往无法正确解读系统弹窗提供的报错信息，更不用说根据报错信息查找错误原因并尝试独立解决。当弹窗出现时，学生第一反应是举手提问。教师在提供解决思路后，学生期待的是教师帮忙直接解决问题，而不是自己利用已有知识探索解决。且由于班级同步进程的需求，对于部分问题，教师设法让学生自己解决，但最后大多还是教师帮忙解决，学生没有得到应有的锻炼。

四、完善财务共享实验课程的实践探索

（一）引入电子沙盘模拟环节，强化流程意识

在学校短期内无法升级购买更高阶的实训平台的客观前提下，引入电子沙盘模拟财务业务处理的场景，强化学生对于业务和财务场景具体流程的理解。在进行平台相关业务实操之前，让学生通过团队合作开展探究式学习，自行梳理对比财务共享模式搭建前后流程的变化和权限的注意事项等问题，提升学习的积极性和趣味性。

（二）完善线上课程资源，弥补平台与教材的缺陷

在学习通平台上建立各实验项目的导学，梳理实验项目的重难点，补充理论知识背景，优化录制实验项目的典型操作指导视频。在导学中设置启发式问题，把流程间资料引用的关系、权限的影响等问题作为明确的课程任务要求学生去思考回答，并提供解决相关实务问题的多途径思路，要求学生探索非教材指定的路径完成相关实验任务；也便于学生根据个人情况科学调整进度。学有余力的学生可以根据线上资源自学，进度稍慢的学生可以在课后通过线上资源查漏补缺，保证课程的整体进度正常推进。

在学习通课程讨论区开通 FAQ 和"弹窗终结者"两个子区。FAQ 记录学生每个实验项目的常见问题，在案例讲解的对应步骤中，说明可能出现的问题及其原因，要求学生在遇到类似问题时先自行查看。"弹窗终结者"鼓励学生分享自己遇到的弹窗问题，学生互助回答，并给予回答问题的学生相应的课程积分。这样可帮助学生思考相关操作背后的内在逻辑和流程的意义。

（三）优化线下课程活动设置，提升课堂效率及效果

将任务分为例题同步操作和拓展任务自主操作两部分。同步操作，由

教师一边讲解并演示，一边要求学生同步完成，并通过学习通设置抢答任务，要求学生完成任务后进行抢答，在规定时间内完成可以获得积分。对于同步操作中出现问题的学生，暂不为其解答，等操作完例题，在拓展任务阶段，再进行个别辅导。根据抢答任务完成情况，决定下一实验开启的时间。对学生需要课后完成的任务，在学习通上发布指导清晰的任务要求和注意事项通知，逐步让学生养成及时完成任务的习惯。

将实验报告的实验过程设计为填空题，填空内容包括不同实验步骤的登录角色、账号、切换组织、登录模块、操作注意事项等内容。让学生在操作之前，先同步完成实验报告的相关内容，加深印象，再进行实操。实验结果也根据不同实验项目分别设置具体截图要求或实验审核通过情况。评分时对于填空、截图正确性及完整性、审核理由等具体项目精准评分。

（四）拓展引入第三方人工智能技术，丰富财务实训任务

尽管现有财务共享实训平台未融合 RPA 技术和类 ChatGPT 的自然语言处理工具，短期内也不具备升级更新的条件。但教师可以引入第三方免费软件，让学生通过实操初步了解相关技术给财务工作带来的重大变化。比如教师使用艺赛旗 iS-RPA 的试用版本带领学生梳理并实操固定资产管理任务中的固定资产卡片生成任务自动化流程的构建过程，让学生学会寻找不同软件的操作共性，通过把握规律掌握以不变应万变的软件应用技巧。布置财务共享服务中心建设、财务转型与财务共享、人工智能与财务共享、RPA 机器人与财务共享等主题，要求学生尝试通过类 ChatGPT 工具使用恰当的提示语形成相关主题报告，并与知网中同类主题的文献进行对比，了解最新的可以辅助功能实现的插件或者软件。

参考文献

［1］李慧，温素彬. 比物连类：智能会计人才培养方案的比较［J］. 财会月刊，2023，44（4）：45-50.

［2］王攀娜，吴悦，王唯，等. ChatGPT 与会计变革：理论框架、应用场景及应对策略［J/OL］. 重庆理工大学学报（社会科学），2023，4：1-10.

［3］薛红兵. 着力新经济背景下会计智能化创新［J］. 教育财会研究，2023，34（1）：74-77.

［4］陈桂英. 人工智能对企业财务共享服务中心发展趋势的影响研究［J］. 上海商业，2023（1）：142-144.

　　［5］张玲. 数智化背景下财务共享实验课程教学研究［J］. 中国管理信息化，2022，25（12）：91-93.

　　［6］郑娟，罗艳妮. 基于应用型人才培养的财务共享服务综合实训课程设计与实践［J］. 教育信息化论坛，2022（4）：90-92.

　　［7］刘勤，李俊铭. 智能技术对会计实务的影响：文献回顾与分析［J］. 会计之友，2022（17）：16-22.

　　［8］陈平，朱越超. 财务转型背景下高校财务共享课程革新研究［J］. 当代会计，2021（8）：189-190.

　　［9］刘惠心. 基于RPA的财务共享服务流程优化研究［D］. 北京：中国财政科学研究院，2020.

　　［10］廖皓杰，曾鸣. 新时代背景下财务创新型人才培养模式：以财务共享服务教学为例［J］. 创新创业理论研究与实践，2019，2（11）：140-144.

　　［11］程平，陶思颖. 基于ADDIE的"互联网+会计"MPAcc财务共享课程教学设计：以重庆理工大学为例［J］. 财会月刊，2018（22）：24-29.

基于能力培养视角的高级财务管理教学改革研究

赵旋

（宜宾学院经济与工商管理学部）

摘要：高级财务管理课程主要针对财务管理专业高年级本科毕业生开设。该课程存在授课内容落后于实践、教学方式过于传统、评价方法单一、学生课堂参与度不高等问题。为了提高教学水平，本文针对以上问题提出相应的教学改革措施，以培养符合中国式现代化国家建设需要的高级财务管理人才。

关键词：高级财务管理；教学改革；中国式现代化需求

高级财务管理是财务管理专业学生的一门重要的专业核心课程；是为拓展学生视野，培养学生具备战略思维能力、洞察力和复合型财务管理能力的一门课程；是培养高级财务管理人才必须开设的一门课程。高级财务管理课程涵盖了企业并购财务管理、企业集团财务管理、中小企业财务管理、国际企业财务管理、非营利组织财务管理、企业破产清算财务管理等内容。

一、高级财务管理课程教学存在的问题

（一）高级财务管理教学内容落后于实践

高级财务管理是一门应用性强的学科，其教学内容应该与时俱进，与实践相结合。但目前高级财务管理教学中仍然存在一些问题，比如教材内容滞后于实践，缺乏案例分析和实践操作等。这些问题导致财务管理专业人才的应用能力和创新能力不足。

（二）高级财务管理教学方法过于传统

在高级财务管理课程讲授中，一般都是采用传统教学方法，即以教师为中心，忽视了学生的主动性和创造性，导致学生缺乏探究和思辨的能

力，难以适应现代社会的需求。在传统教学过程中，教师以知识传授为主，忽视了知识的应用和创新，导致学生只重视考试成绩，而不重视素质的培养，难以形成终身学习的习惯。

除此之外，传统教学方法使用单一的教学手段和媒介，如口授、板书等，导致教学内容陈旧、枯燥，难以吸引学生的兴趣和注意力，也难以与现代社会的发展和科技的进步相结合。并且，这些传统教学方法还易受到固定的时间和空间的限制，导致难以调整教学安排，教学效率低，难以满足不同学生的个性化和差异化的学习需求。

（三）高级财务管理教学评价方式单一

高级财务管理教学评价方式应该多元化，不仅考察学生的理论知识掌握情况，还要考察学生的实践能力和创新能力。但目前我国高级财务管理教学评价方式仍然以期末考试为主，忽视了对学生日常学习过程和实践活动的评价。这种评价方式使得部分学生在学习时抱有投机取巧的心理，缺乏自主学习和探究精神。

二、高级财务管理课程教学改革建议

高级财务管理课程的教学改革应该从改革课程内容、改进教学方法、改革教学评价三个方面入手，以推动学生就业为导向、以职业岗位的需要为依据、以培养应用型财会人才为目标。

（一）整合优化课程内容

高级财务管理是财务管理专业的一门核心课程，它主要涉及公司财务政策的制定、实施和评价，包括投资政策、融资政策、股利政策和营运资本政策等。为了提高高级财务管理教学的效果，我们需要整合优化教学内容，使之符合学生的需求和水平，同时反映财务管理的理论进展和实践创新。具体来说，可以从以下几个方面来进行整合优化：

首先，要根据学生的基础知识和学习目标，确定教学内容的重点和难点，以及教学内容之间的逻辑关系和层次结构。要避免过于简单或过于复杂的内容，而是要选择适合学生水平的内容，既能够巩固基础，又能够拓展深度。还要注意教学内容的系统性和完整性，使之能够形成一个有机的整体，而不是零散的碎片，按照从易到难、从浅入深、从理论到实践的顺序安排教学内容，使之能够循序渐进、层层递进，也可以提高学生对知识点的接受程度。

其次，高级财务管理中包括了跨国并购，因此在教学中要结合国内外的财务管理理论和实践，引入最新的研究成果和案例，展示财务管理的前沿动态和创新趋势。教师要关注财务管理领域的最新发展和变化，及时更新教材和参考资料，引入新的概念、模型、方法等。在案例讲解中，教师要选择具有代表性和典型性的国内外财务管理案例，分析其背景、过程、结果、启示等，通过案例让学生了解财务管理在不同国家、地区、行业、企业中的差异和特点，增强其国际视野和比较意识。

最后，教师要认识到财务管理是一门综合性很强的学科，它不仅涉及经济、金融、会计等领域，还涉及法律、社会、心理等领域。教师在教学内容中要适当引入跨学科的知识，如公司治理、行为财务、价值链管理等，拓宽学生的视野，提高学生的综合素质；通过跨学科教学让学生了解财务管理与其他学科的联系和互动，掌握财务管理的跨学科知识和方法，提高其解决复杂问题的能力。

总之，整合优化高级财务管理的教学内容，是提高教学质量的重要途径。我们要根据学生的需求和水平，结合财务管理的理论进展和实践创新，采用多种教学方法和手段，引入跨学科的知识，使教学内容既科学又有趣，既系统又灵活，既基础又前沿，既理论又实务，从而达到培养高素质财务管理人才的目标。

（二）改进教学方法

1. 采用"互动课程"授课法，提高学生参与度

教师可以利用一些在线平台或应用程序，让学生通过多种方式参与课堂活动，如测验、游戏、词云、投票等。高级财务管理教学内容的理论知识较多。互动，可以提高学生的兴趣和参与度，也可以让教师及时了解学生的理解和反馈情况。这种方法也可以促进师生之间和生生之间的交流，提升学生对教学内容的兴趣。但使用该授课方式需要教师根据教学目标和内容，设计合适的互动环节和形式，引导学生思考和探索。并且，任课教师还需要对学生的互动表现进行及时的评价和反馈，激励学生的学习动机和成就感，以达到提高学生学习参与度的目的。

2. 采用"混合式"授课法，提高学习主动性

混合式教学是一种综合利用现代教育技术和多种教学方法的教学模

式，将在线学习和线下学习相结合，让学生在不同的时间和空间进行自主学习、合作学习和探究学习。这种教学模式强调以学生为中心，从而激发学生的学习动机和兴趣，培养学生的自主学习能力和创新能力。这种教学模式也有利于教师根据学生的实际情况和需求，调整课程设计和教学策略。在高级财务管理的混合式教学中，教师可以选择以下形式：

首先是先行探索、协作研讨、拓展巩固的模式，即学生先通过在线平台自主学习课程的理论内容，然后在线下课堂上开展小组合作，最后再通过在线平台进行复习和拓展。比如，教师在讲授跨国并购时，就可以先让学生在在线平台上了解并购的动因、效应等基础内容，再在课堂上对案例进行分析，并让学生以小组形式分享观点，最后让学生在平台上通过小测验进一步巩固知识点。

另外一种是翻转课堂的模式，即学生在课前通过在线平台观看视频或阅读文本等获取知识，然后在课堂上进行讨论、练习等，以加深理解和应用。

最后一种是基于目标的模式，即根据学习目标和任务，灵活选择不同的线上和线下学习方式，以达到最佳的学习效果。比如在探索中小企业财务问题时，教师可以让学生先在线上学习中小企业的特点并归纳这类企业面临的问题，再让学生通过实践学习，调查中小企业在实际实践过程中常遇到的财务问题以及提出可能的解决方法。

（三）完善教学评价体系

1. 改善课堂教学的评价形式

在对课程教学进行评价时，要从单一的终结性评价转向多元的过程性评价，注重对学生的诊断性、形成性和总结性评价，关注学生的全面发展和个体差异。诊断性评价是指在教学活动开始前，对评价对象的学习准备程度做出鉴定，以便采取相应措施使教学计划顺利、有效实施而进行的测定性评价。形成性评价是指在教学过程中，为调节和完善教学活动，保证教学目标得以实现而进行的确定学生学习成果的评价。总结性评价是指以预先设定的教学目标为基准，对评价对象达成目标的程度即教学效果所做出的评价。

2. 改善课程教学的评价内容

为了实现教学目标，则需要改善课程教学的评价内容，评价的重点从单纯的知识掌握转向综合的能力培养，注重对学生的思维能力、创新能力、实践能力、情感态度和价值观等方面的评价，体现素质教育的要求。在评价内容上，教师要根据教学目标、教学内容、学生学习环境和学生个体差异等，设计适合自己的教学和学生学习的评价工具，制定切实可行的评价标准。比如除了评价学生的理论知识成绩，还需要对学生的课堂展示能力、团队合作能力、问卷设计等能力进行评估。

3. 改善课程教学的评价方式

在高级财务管理的评价方式上，我们需要从传统的笔试转向多样的评价手段，如观察记录、自我评价、同伴评价、作品展示等，充分利用信息技术和网络资源，提高评价的效率。观察记录法是指通过观察课堂教学过程中学生的表现和反应能力，并将其记录下来进行分析和判断的方法。自我评价法是指让学生对自己进行反思和总结，并给出自己对自己表现或水平的判断或建议的方法。同伴评价法是指让学生之间互相观察、交流和评论，并给出互相帮助或改进意见的方法。作品展示法是指让学生将自己所做的案例分析展示给他人，并接受他人的反馈和建议的方法。

4. 改善课程教学的评价主体

与评价方式相对应，高级财务管理课程教学方式的改革还需要重新定义评价主体。我们需要从单一的教师评价转向多元的参与评价，充分发挥不同主体的作用。高校应建立开放、互动、合作的评价机制，强调学生的自评，发挥学生的主体作用，同时也要充分利用他人的评价，如任课教师、同学、教研室同行教师等，增强评价的客观性和公正性。

三、总结

深化教学改革，是提高教育质量和效益的必然要求。只有深化教学改革，才能适应经济社会发展和人才培养的新需求，才能提升本科教育的国际竞争力和影响力。本文通过对高级财务管理学在教学过程中存在的问题进行分析，进一步提出从优化课程内容、改进教学方法以及完善教学评价体系三个方面进行改革，从而激发学生的主动性、积极性、创造性。

参考文献

[1] 常盛华，马斐斐，李宏杰. 财务管理学教学改革思考 [J]. 中国

乡镇企业会计，2021（9）：2.

[2] 苏敏.信息化视角下高校财务管理课程教学改革分析 [J].科技经济导刊，2020（18）：33.

[3] 王可昕.新形势下应用型本科高校《高级财务管理》课程教学改革研究 [J].中国教师，2021（4）：52-53.

[4] 刘琦琦.高级财务管理课程教学改革与创新 [J].投资与合作，2021（5）：38-42.

[5] 周晓谦.高等教育大众化背景下"高级财务管理"课程教学改革探究 [J].科技导刊，2021（3）：25-27.

建学科竞赛体系　促人才能力培养
——以应用型工商管理专业人才培养为例①

曾方俊

（贵州商学院管理学院）

摘要： 学科竞赛对高校人才培养有着重要的支撑作用，正越来越受到国家和高等院校的重视。本文从应用型工商管理专业人才培养的实际情况出发，对专业人才培养的问题进行了分析，并从教学开展的实际出发，对应用型工商管理专业人才培养的能力体系进行了分析。在此基础上，本文提出了应用型工商管理专业的学科竞赛体系建设路径。

关键词： 学科竞赛；应用型；工商管理

一、学科竞赛的功能

教育部、财政部在 2007 年 1 月发布《关于实施高等学校本科教学质量与教学改革工程的意见》，其中明确提出了："继续大力开展大学生科技竞赛活动，重点资助在全国影响较大、参与面广的学生科技竞赛活动，激发大学生的兴趣和潜能，培养大学生的团队协作意识和创新精神。"由此可以看出，大学生学科竞赛活动的功能是激发大学生的兴趣和潜能，培养大学生的团队协作意识和创新精神。

从多年来各高校有效推动大学生学科竞赛的实践来看，大学生学科竞赛在培养学生创新思维、实践能力和综合素养方面，有着独特和不可替代的作用，这对应用型人才培养来说，有着重要意义。当前，社会对应用型人才的需求侧重在应用能力和创新能力方面，而学科竞赛对学生创新思维和实践能力的训练已经在多年的高校学科竞赛活动中体现出了其价值。

---

① 本文为贵州省 2021 年度教改项目"工商管理本科专业应用型人才培养模式创新研究"（项目编号：2021220）的部分研究成果。

二、应用型工商管理专业人才培养

（一）应用型工商管理专业人才培养的缘起

2015 年，教育部、国家发展改革委、财政部出台了《关于引导部分地方普通本科高校向应用型转变的指导意见》。自此，应用型人才培养成为地方高校办学定位探索的主要方向之一，国内各大院校学者纷纷开始探寻应用型大学发展规律与建设举措。

《普通高等学校本科专业类教学质量国家标准》（以下简称《国家标准》）中，工商管理类专业的特点被清晰地定义为：（1）应用性，注重理论联系实际，旨在培训和训练学生的管理技能和决策能力；（2）综合性，注重管理学与哲学、社会学、经济学、心理学等理论和方法的中和应用。这就为地方普通高等学校的应用型工商管理人才培养提供了思考的方向。

目前，新一轮科技革命和产业变革对工商管理人才培养提出新的挑战。面对国家建设教育强国、培养高质量人才的要求，如何将新技术、新产业、新业态和新商业模式变革的人才需求融入教学，实现对应用型工商管理人才的培养？新的人才培养模式探索就成为培养高质量应用型工商管理专业人才的迫切需求。

（二）应用型工商管理专业人才培养问题分析

1. 培养对象能力结构与职业需求脱节问题

工商管理类本科专业在过去，一贯被社会戏称为"万金油"专业，主要的原因之一就是工商管理类本科专业毕业生所学课程结构综合性强。这达不到国家提高人才培养质量、建成高水平的人才培养体系的要求和标准，形成了事实上的专业毕业生与职业需求脱节现象。由此，在《国家标准》中，在应用性和综合性的框架下，对工商管理类专业毕业生应具备的能力基础明确描述为知识获取能力、知识应用能力和创新创业能力。同时，毕业生还需具备相应的思想道德素质、专业素质、文化素质和身心素质。

2. 理论教学与实践教学"两张皮"问题

在过去，工商管理类专业课程结构主要表现为理论课程偏多，实践教学课程偏少，且理论课程内容与实践课程的衔接性不强，这直接导致了理论教学与实践教学呈现"两张皮"现象，使得工商管理类专业毕业生强理论而弱实践。这就需要对实践教学在工商管理类应用型本科人才培养过程中的地位和作用进行进一步强化，以进一步增强工商管理专业学生的动手能力。

3. 学生自主选课和自由发展空间受限问题

在过去，工商管理类专业学生在进行选修课的学习时，只能在人才培养方案提供的课程清单中选择相应的课程进行学习，以获取相应的学分。学生选课的自由度受到限制。

三、学科竞赛助力应用型工商管理专业人才培养

（一）学科竞赛助力应用型工商管理专业人才能力培养

从过去的学科竞赛对学生能力培养的作用的研究来看，李忠刚等认为，学科竞赛能够强化理论课程学习与社会实际的结合，使学生有更多的机会参与科学研究、社会生产和社会实际，能够培养学生的实践动手能力、表述能力、竞争意识、合作交流精神、创新思维、团队意识，从而使学生的知识、能力、素质得到综合锻炼和提高，有利于应用型人才的培养。从开展学科竞赛的高校的相关实践来看，参加过学科竞赛的学生普遍反馈，学科竞赛的参与使得自身实践动手能力、创新思维均有不同程度的提升。

（二）学科竞赛有助于解决应用型工商管理专业理论教学与实践教学"两张皮"的问题

在《国家标准》中，工商管理专业的课程体系设置要求实践教学学分不低于总学分的15%。这在事实上将工商管理专业的实践教学提升到了一定的高度。在工商管理专业的人才培养过程中，积极推进大学生学科竞赛活动，有利于解决应用型工商管理专业理论教学与实践教学脱节的问题。

（三）学科竞赛助力解决应用型工商管理专业学生自主选课和自由发展空间受限问题

学科竞赛活动本身就是学生在课外时间，根据自身的兴趣爱好，有选择地参与各种类型的学科竞赛活动。从已开展的学科竞赛活动情况来看，学生在参与学科竞赛活动的过程中，会不断遇到没有学习过的知识、碰见没有见过的问题。知识需要进行补充，新的问题需要得到解决，这就倒逼着学生不断去学习新的知识，寻找解决问题的办法，从而强化自主选择相关课程的主动性。

四、应用型工商管理专业学科竞赛体系构建

（一）应用型工商管理专业人才培养能力分析

根据现代商业对商科类管理专业人才提出的新要求，我们可从《国家标准》出发，对应知识获取能力、知识应用能力和创新创业能力，将应用型工商管理专业人才培养的能力要求解构为专业基本能力、一般管理能力和专业核心能力三个部分。

专业基本能力是指商科类管理人才须具备的基础业务能力。在现代商业环境下，应用型工商管理专业学生需要掌握商务管理沟通、商业数据分析技能。

一般管理能力是指管理者必须具备的计划、组织、领导、控制等能力。

专业核心能力是指一个专业的核心能力要求。从《国家标准》的要求来看，应用型工商管理专业学生的专业核心能力可以做如下设计：

①素质养成：担当精神、商业头脑、实干作风、知行合一。

②能力培养：书面表达、数据分析、口头沟通、专业本领。

③品行塑造：责任公民、诚信员工、创造活力、吃苦耐劳。

（二）应用型工商管理专业学科竞赛体系构建

对应应用型工商管理专业人才的能力体系，我们可以围绕应用型工商管理专业人才培养方案，搭建相应的学科竞赛体系。

1. 对应专业基本能力的学科竞赛

（1）关于商务管理沟通

第一，计算机汉字录入竞赛。这个比赛主要对应一部分汉字录入速度较慢的学生，有针对性地提升其汉字录入速度，为其通过即时通信平台进行快速沟通打好基础。根据学生学习规律，这个比赛可以安排在一年级第一学期。

第二，商务文书写作竞赛。这个比赛要求学生对商务文书基本格式、商务求职书、商务工作计划、商业计划书、营销策划书等有一定程度的掌握。这个比赛可以安排在二年级第一学期。

第三，商务礼仪竞赛。这个比赛要求将语言沟通、非语言沟通、电话沟通、倾听技巧、面谈、演讲与演示技巧的应用、群体沟通、商务人员的行为举止礼仪、综合场景模拟进行有效串接。这个比赛可以安排在二年级

第二学期。

（2）关于商业数据分析

商业数据分析竞赛除要求学生具备数据分析师基本从业技能，还要求学生具备相应的企业财务、营销、成本、投资等专业分析能力。这个比赛项安排在三年级第一学期。

2. 对应一般管理能力的学科竞赛

根据中国高等教育学会发布的《2023 全国普通高校大学生竞赛分析报告》的竞赛目录，应用型工商管理专业学生可以参加如全国高校商业精英挑战赛、"学创杯"全国大学生创业综合模拟大赛、全国企业竞争模拟大赛、全国高等院校数智化企业经营沙盘大赛等企业模拟经营与竞争对抗类型的比赛。这类比赛的特点是要求学生组建模拟的企业高管团队。并在比赛中，学生团队成员需要不断进行部门与部门之间的协作，在此基础上，进行不同的管理决策，从而完成模拟创业公司在连续的财务周期内的多个环节的经营管理活动。与此同时，学生团队还需要在多个模拟创业公司所营造的市场竞争环境中，开展相互之间的市场化竞争的对抗或协作。通常情况下，这类比赛都会构建一个完整的企业模拟经营系统，基本上会包含产品设计与研发、生产与采购、市场渠道建设、产品市场推广、财务报表与财务控制等环节。学生团队可以在模拟经营的各个环节实施经营管理决策，产生可以进行分析的模拟创业企业经营成果。

通过模拟创业公司的经营与对抗，参与竞赛的学生可以了解从创业企业注册开始到正式经营的全过程。在正式的经营过程中，学生能够深刻理解企业年度经营各项财务指标的意义。竞赛让学生在一定程度上锻炼了洞察一个行业或企业背后本质的经营管理活动的能力，从而有效培养学生作为潜在管理者应当具备的计划、组织、领导、控制等能力。从实施的效果来看，这个比赛可以安排在三年级第二学期。

3. 对应专业核心能力的学科竞赛

根据中国高等教育学会发布的《2023 全国普通高校大学生竞赛分析报告》的竞赛目录，学校可以优先遴选中国国际"互联网+"大学生创新创业大赛、"挑战杯"全国大学生课外学术科技作品竞赛、"挑战杯"中国大学生创业计划大赛三个赛事平台。这类赛事综合性较强，对学生的要求较高，综合来看，可以让学生在三年级第二学期和四年级第一学期参加。

（1）中国国际"互联网+"大学生创新创业大赛

中国国际"互联网+"大学生创新创业大赛于 2014 年首次举办，目前已经发展为覆盖全国所有高校的最具影响力的赛事活动。大赛的主要任务是以赛促教，探索人才培养新途径；以赛促学，培养创新创业生力军；以赛促创，搭建产教融合新平台。由此来看，该比赛能够有效全面覆盖应用型工商管理专业学生核心能力的素质养成、能力培养和品行塑造。

（2）"挑战杯"全国大学生课外学术科技作品竞赛

"挑战杯"全国大学生课外学术科技作品竞赛创办于 1986 年，发展到现在，已经成为国内大学生关注度最高的全国性竞赛，也是全国最具有代表性、最具有权威性和导向性的大学生竞赛，每两年举办一次。大赛的目的在于鼓励大学生培养勇于创新、迎接挑战的精神。到现在，竞赛的方式主要为提交自然科学类学术论文、哲学社会科学类社会调查报告和科技发明制作。从工商管理专业的学科属性来看，该专业学生主要以提交哲学社会科学类社会调查报告的形式参加。

从 2023 年《"挑战杯"全国大学生课外学术科技作品竞赛哲学社会科学类参赛指引》的要求来看，参赛者要准确把握中国式现代化的中国特色和本质特征，围绕全面建设社会主义现代化国家的目标任务，分为"发展成就""文明文化""美丽中国""民生福祉""中国之治"五个组别，形成有深度、有思考的社会调查报告。

（3）"挑战杯"中国大学生创业计划大赛

"挑战杯"中国大学生创业计划大赛的第一届赛事活动于 1999 年举办，已逐步发展为一项全国高校都高度重视的赛事活动，每两年举办一届。从 2022 年对作品评审的取向来看，该比赛主要突出对大学生实践能力的考察。大赛主要着眼于在考察项目商业价值的基础上，更加侧重考查学生对社会现状和社会民生的洞察和理解，侧重考查学生解决社会问题的意识、能力和水平。

五、结语

综合看来，大学生学科竞赛对高校人才培养有着强有力的支撑作用。学生在正常完成人才培养方案规定的既定课程外，按照学习的规律，利用课余时间，在大学生活的各个阶段有效参与相应的学科竞赛项目，能够有效提升自身的素质和能力。

具体到应用型工商管理专业，由于其自身综合性较强的专业特征，需要对其人才培养的学科竞赛体系进行有效设计，才能够助推专业学生的素质和能力培养。本文对应用型工商管理专业人才培养的共性问题进行了一定程度的分析，并从人才培养的实际出发，对应用型工商管理专业人才培养的能力体系进行了解构，在此基础上，提出了构建应用型工商管理专业学科竞赛体系的建议。

参考文献

［1］樊利，丁珠玉，唐曦，等. 构建多学科竞赛平台 培养实践创新人才［J］. 西南师范大学学报（自然科学版），2016，41（8）：178-181.

［2］宋云，赵建义，王瑶. 应用型人才培养"学-赛-创"育人模式研究［J］. 教育理论与实践，2020，40（6）：9-11.

［3］吴楠，李东升，刘丹. 地方高校应用型人才培养的实践探讨：以山东工商学院工商管理专业为例［J］. 中国高校科技，2022（10）：53-59.

［4］教育部高等学校教学指导委员会. 普通高等学校本科专业类教学质量国家标准（下）［M］. 北京：高等教育出版社，2020.

［5］李忠刚，王兴芬，彭书华，等. 基于应用型人才培养的学科竞赛管理机制改革初探［J］. 实验技术与管理，2013，30（12）：34-36.

以培养胜任力为导向的人力资源管理专业培养模式探索①

罗霞

（西南民族大学商学院）

摘要：为了更好地建设国家一流本科专业，西南民族大学人力资源管理专业进行了以培养胜任力为导向的人力资源管理专业培养模式探索，通过校企合作情景模拟、积极申报教育部校企合作项目、开设数智化人才招聘实训班、开设人力资源共享服务课程等，有效提升了学生人力资源管理职业胜任力，为学生实现高质量就业奠定了基础。

关键词：人力资源管理专业；一流本科；胜任力；校企合作

教育部公布的数据显示，2022 届高校毕业生有 1 076 万人，再创历史新高。麦可思研究院发布的《2021 年中国大学生就业报告》显示，2020 年大学生就业率为 92.3%。与此同时，企业难以招聘到合适的人才，仅大数据人才缺口就高达 150 万人。企业与求职者之间需求不匹配，使得人力资源市场面临"就业难"和"招聘难"的两难困境。西南民族大学商学院人力资源管理本科专业 2002 年开始招生，于 2014 年正式成立人力资源管理系。多年来，人力资源管理专业始终坚持开放办学和校企合作办学，突出职业能力和技能的培养，为社会输送了大批优秀人才，2019 年被评为国家首批一流本科专业建设点。近年来，社会对人力资源管理专业人才要求发生了快速且深刻的变化，人力资源管理专业"就业难"与"招聘难"的困境非常突出。因此我们以培养人力资源管理胜任力为导向进行了专业培养模式探索。

---

① 本研究得到四川省教改重点项目"新文科背景下人力资源管理专业育人模式改革研究"（项目编号：JG2021-404）支持。

一、人力资源管理专业人员胜任力

大数据和人工智能技术的应用正在改变工作场所，相伴随的是企业对人力资源管理有了新的要求和更高的期望，人力资源管理要能帮助企业提高员工敬业度和保留率，通过持续转型来实现组织成功。目前，高校对人力资源管理专业学生的培养与社会的需求无法有效衔接逐渐成为人力资源专业学生就业时的一大阻碍。高校需要调整人力资源管理专业培养方向，我们认为明确人力资源管理专业人员胜任力，并以此为培养目标是减少就业阻碍的重要途径。

对于人力资源专业人员胜任力，孙荣霞（2013）提出由于我国高校人力资源管理专业毕业生大多是在企业从事人力资源管理工作，因此应根据人力资源管理职业胜任力模型来设计人力资源管理专业的实践教学体系。唐伶（2017）从当前人力资源专业培养成果的角度，总结了毕业生素质与社会需求在很多方面都存在脱节的问题，指出人才培养体系中最关键的问题是培养标准的缺失。顾琴轩等（2001）通过对上海企业以及上海交通大学人力资源管理专业的在校学生进行问卷调查后发现人力资源资源专业人员的主要胜任力构成包括沟通能力、分析能力、识人能力、承受压力能力、适应力、主动性、人力资源管理专业知识。周小刚等（2022）通过对14个用人单位的调研得出人力资源管理专业职业胜任力模型分别由三个因子构成——技能（权重 39.73%）、个人特质（权重 34.77%）、知识（权重 25.50%），具体内容如表 1 所示。

表 1　人力资源管理专业职业胜任力模型

胜任维度	权重/%	胜任素质词条
技能	39.73	人力资源体系的执行能力、创新意识能力、人力资源专业技能、学习能力、数据分析能力、计算机操作技能、组织管理协调能力
个人特质	34.77	团队写作、抗压能力、善于倾听、情绪控制、积极主动、逻辑推理
知识	25.50	劳动法知识及法务管理、企业管理、战略管理

郭云贵等（2022）通过对北京、上海、广州、深圳 4 个地区以人力资源管理专业应届毕业生为招聘对象的 435 份招聘启事分析，得出人力资源

管理岗位素质要求包括动机、特质，社会角色、自我形象，知识、技能三大模块（如表 2 所示）。

表 2　基于洋葱模型的人力资源岗位素质要求

胜任特种总类	胜任素质词条
动机、特质	严谨细致、责任心、开朗乐观、抗压能力、创新精神、事业心、吃苦耐劳
社会角色、自我形象	团队写作、形象气质、亲和力、领导决策、服务意识、工作热情、组织协调能力
知识、技能	沟通表达能力、书面表达能力、计算机技能、分析能力、专业知识、学习能力、执行力、应变能力

二、校企合作的必要性

根据中国教科评价网调研信息，截至 2021 年年底，我国开设人力资源管理专业的高校有 600 多所，人力资源管理专业存在培养目标趋同、课程体系雷同、课程内容结构不合理等问题。在课程内容结构方面，各高校主要围绕人力资源管理六大模块设置必修课程，虽然一般开设有计算机应用课程和应用统计学课程，但是对于人力资源管理数据挖掘和应用能力提升作用非常有限。

传统课堂教育的优势是培养学生的专业知识，尽管西南民族大学商学院已通过引入案例、团队训练等教学方式来培养学生的分析能力、沟通表达能力、团队协作能力等，但对比社会对人力资源岗位的职业胜任力要求，学校教育仍然在社会角色、自我形象、个人特质、动机等方面对学生的帮助有限，再加上学校获取市场需求信息滞后，因此与优秀企业合作是很有必要的。

三、以培养胜任力为导向的人力资源管理专业培养模式探索

（一）校企合作情景模拟

我们长期以来和猎聘网、娃哈哈、丹马仕、成都达智咨询等企业深度合作，人力资源管理专业连续十年面向全校学生举行模拟招聘和"达智杯"模拟经营公司大赛。校外合作导师作为专家参与模拟招聘和模拟经营大赛等教学实践活动，担任指导专家和评委，并通过专题报告为学生分享人力资源管理实战经验和技巧。模拟招聘活动开始前，我们在全校范围进

行宣传，吸引各专业学生参加。在活动中，招聘方即人力资源专业学生我们要求他们职业化着装。模拟经营大赛要求学生成立虚拟公司，设计真实经营项目，在校园内开展两周的真实经营活动，最终评选出优胜团队。这些校企合作情景模拟活动的开展，不仅让学生对于人力资源管理工作等有了直观认识，还提高了学生人力资源管理职业胜任力。

（二）积极申报教育部校企合作项目

教育部于 2014 年启动实施"校企合作专业综合改革项目"，以产业和技术发展的最新需求推动高校人才培养改革，促进产学合作与产教融合。该项目于 2016 年更名为"产学合作协同育人项目"，"协同"强调通过知识创造主体与技术创新主体进行深入合作、资源整合，产生 1+1+1>3 的非线性效用（陈劲，2011）。为推动就业与培养有机联动、人才供需有效对接，帮助用人单位培养和招聘更多实用型、复合型和紧缺型人才，促进高校毕业生更加充分高质量就业，教育部 2021 年首次实施供需对接就业育人项目。该项目为有意愿与高校开展人才供需对接和就业育人合作的用人单位提供平台。用人单位结合国家战略和实际需要提出项目指南，提供项目资源支持，通过与高校合作加快急需紧缺人才培养，优化自身人力资源配置。我们充分利用该机会寻求与企业合作，积极申报教育部校企合作项目（已获批项目如表 3 所示）。结合本校本专业实际情况，我们将数字化和实战型人才培养作为重点，选择并申报相关的校企合作项目。2021 年以来，我们成功获批了五项教育部产学合作协同育人项目，项目类别包括教学内容和课程体系改革、实践条件和实践基地建设。合作内容主要是数字化时代下的课程改革、数字化实践平台和实训教学基地。同时，我们成功获批了四项教育部供需对接就业育人项目，涵盖了就业育人项目所有三类项目。校企合作内容包括教师提升、培养模式共建、实战型以及人力资源共享服务人才培养。自此，我们基本构建起了教师、培养模式、课程教学、实践实习基地全方位的校企合作平台。

表 3　西南民族大学人力资源管理专业获批教育部校企合作项目

项目	课题名称	类别
教育部产学合作协同育人项目	人力资源教学内容和课程体系改革	教学内容和课程体系改革
	数字化时代下的人力资源管理课程改革与探索	教学内容和课程体系改革
	人力资源数字化管理实践条件建设项目	实践条件和实践基地建设
	人力资源管理专业实践平台建设	实践条件和实践基地建设
	人力资源管理专业产教融合实训教学基地建设研究	实践条件和实践基地建设
教育部就业育人项目	以人力资源关键人才为导向的校企共建培养模式研究项目	人力资源提升项目
	以就业育人为导向的人力资源管理专业"测–培–评"人才培养模式研究	人力资源提升项目
	企业人力资源共享服务（HRSSC）定向人才培养模式研究	定向人才培养培训项目
	以培养实战型人才为导向的共建就业实习基地人才培养模式研究	就业实习基地项目

（三）开设数智化人才招聘实训班

人力资源数智化发展非常迅速。领英中国 2019 的调研数据显示，其平台上具备数字化技能的人力资源从业者所占比例不到 2.5%，大数据应用人才极为短缺。为了使毕业班学生能够精准就业，我们与北京中睿在职言职公司合作，开办了"2019 级人力资源管理专业人才招聘实训班"。开办实训班的目的是培养"招即能用，用则能胜"的实战型人力资源专业人才。北京中睿在职言职公司为国内快速发展型企业提供高级人才输出、人才培训、核心管理培训、企业战略咨询、组织发展咨询等服务，服务行业涉及互联网、金融、地产、制造、新零售、高科技等领域，有强大的跨行业背景和专业的人力资源管理服务能力。第一期实训班选择了学生就业机会较多的招聘岗进行实战训练，学生在实训班中学习人才画像技术，学习制作人才地图。企业导师带领学生在真实招聘平台上接受公司委派的真实招聘任务。学生学习解读岗位描述，快速了解行业，熟悉企业各岗位职能，学习使用招聘渠道和软件筛选简历、电话与应聘者沟通、确定出初步人选，并每日复盘。通过实训，学生的沟通表达能力、执行力、抗压力等胜任力得到了很好的培养。实训班中绝大多数学生是第一次接触真实工作场景，从学生转换为职场人身份，从最初不敢与应聘者沟通快速成长为比较专业的招聘者。实训班结束后我们用多维度评价方式得到的学生课程满意度评分为 4.52 分（满分 5 分），专业胜任效能感较实训班参与前有明显提升，校企合作的优势得到显现。

（四）开设人力资源共享服务课程

随着企业人力资源管理三支柱体系在越来越多的企业落地实践，大中型企业对人力资源共享服务的需求日益增长。在一项对亚洲领先企业的调研中，81%的企业都设立或正在设立人力资源共享服务中心。人力资源共享服务通过整合企业人力资源管理中大量重复性、事务性的工作，提供标准化、流程化的集中服务，是当今大中型企业人力资源管理数字化转型的重要方式，也是三支柱体系下人力资源管理专业刚毕业的学生最有可能进入的领域。为了让学生能够适应该岗位需求，我们与领途教育公司深度合作，开设人力资源共享服务特色课程。领途教育公司是全球首家将 VR、人工智能、5G、云计算、大数据等技术手段有效融合开展人才潜质评估与开发、人力资源开发咨询的专业机构。学校专任教师与领途教育公司组成专家组共同研制课程内容，共同承担教学任务，2022—2023 学年第一学期开始首次选课，有 93 名学生选修了该课程，课程考核合格的学生获得领途教育公司官方结业证书。

四、结束语

综上所述，以培养人力资源管理职业胜任力为目标，借力校企合作，通过情景模拟活动、设立特色选修课程、开设短期实训班、打造"双师型"教师队伍、重视实践基地建设等实现协同育人、就业育人，对于提升人力资源管理专业学生就业质量，解决"就业难"和"招聘难"的困境是有帮助的，同时也有助于更好地建设国家一流本科专业。

参考文献

[1] 孙荣霞. 基于胜任力模型的人力资源管理专业实践教学体系研究 [J]. 中国成人教育，2013（19）：188-191.

[2] 唐伶. 应用型高校学生职业胜任力培养的实证研究 [J]. 职教论坛，2017（5）：27-32.

[3] 顾琴轩，朱牧. 人力资源专业人员胜任力研究 [J]. 中国人力资

源开发，2001（10）：4-8.

［4］周小刚，张珍，金柳君.基于胜任力模型的人力资源管理专业培养模式构建［J］.江西科技师范大学学报，2022（3）：123-128.

［5］郭云贵，黄艳艳，魏珂，等.人力资源管理专业毕业生就业素质模型的构建：基于435则招聘启事的统计分析［J］.吉林工程技术师范学院学报，2022，38（5）：25-30.

［6］陈劲.协同创新与国家科研能力建设［J］.科学学研究，2011（12）：1762-1763.

旅游产业化发展战略指引下的酒店管理人才培养与创新研究
——以贵州省酒店管理高等教育为例

朱靓　顾泉

（贵州财经大学）

摘要：本文基于贵州旅游产业化发展战略背景，尝试从培养目标、培养规格、课程体系、师资队伍、教学条件、质量保障体系六个方面构建贵州酒店管理高等教育人才培养模式，进而明确人才培养体系、结构优化及其功能实现，并从理念、模式和方法上进行了具体阐释。最后，本文以贵州省酒店管理高等教育为例，深入分析贵州省酒店管理高校的人才培养创新模式和实施路径。

关键词：旅游产业化；酒店管理；人才培养；创新

为抢抓山地旅游和全域旅游机遇，贵州陆续编制实施《贵州生态文化旅游创新区产业发展规划（2012—2020）》《贵州省全域山地旅游发展规划》等重大规划。随着贵州旅游产业化发展布局地推开，酒店业在贵州城镇化、乡村可持续发展中具有了重要地位，是旅游业中的支柱性产业之一。然而，专业人才不足的短板逐渐暴露，特别是复合型经营管理人才匮乏，人才对服务行业的行业偏见及创新动力不足、流动率高，人才评聘制度存在缺陷、对人才的激励机制不足导致人才服务质量下降，这些问题制约了旅游业的发展。

与此同时，酒店管理本科专业的学生在就业选择上没有学以致用，在毕业生中对口就业人数比例偏低，这说明，人才培养的成果与行业实际的用人需求存在较大的偏差，毕业生的"改行"成为酒店行业缺少高质量专业人才的主要原因。这就要求高校的酒店管理人才培养模式进行创新，从而为贵州全域旅游发展战略的实施提供人才支撑。

一、国内外高校酒店管理专业人才培养的差异比较

根据多年酒店管理人才培养的先进性、有效性和行业认可程度，学者选取了国外的康奈尔酒店管理学院和洛桑酒店管理学院，以及国内的上海师范大学、北京第二外国语学院为研究对象。

（一）人才培养目标的差异比较

康奈尔大学酒店管理学院和洛桑酒店管理学院的培养目标更多地从国际视野出发，着力于培养国际招待业人才，为世界的高档酒店、高档餐厅等培养高层管理人才。瑞士洛桑酒店管理学院的培养目标就是为国际招待业、为世界较为高档的酒店以及餐厅培养高级管理人才。美国康奈尔大学酒店管理学院的培养目标就是为全球培养 21 世纪招待业的领袖。以上两所学校的培养目标立足于国际社会，根据国际旅游业的发展制定严格的培养方案，培养出符合高档酒店以及高档餐厅的高级人才，向国际旅游业输送旅游业管理精英，并形成良好的闭环效应。相较于康奈尔大学酒店管理学院和洛桑酒店管理学院，我国国内的学校培养目标更多地倾向于国内需求，结合学校实际，在满足国内需求的前提下，与国际接轨。例如，北京第二外国语学院的人才培养目标立足于学院外语培养的比较优势，结合经济社会发展需求，培养出拥有比较突出的外语优势和扎实的专业知识基础的应用型人才。再如，上海师范大学的人才培养目标基于应用型本科试点专业建设项目要求，依托多学科交叉优势，以旅游可持续发展为研究特色和重点，培养"具有国际视野的高水平应用型旅游人才"。由此可见，国内外高等教育中对酒店管理专业人才的培养模式和培养目标差异较大，国外高校培养视野与国内高校培养视野差异也非常明显。国内外酒店管理人才培养目标对比见表 1。

表 1 国内外酒店管理人才培养目标对比①

学校	办学层次	培养目标	专业课设置
北京第二外国语学院酒店管理（数字化运营与管理）	本科	具备国际化视野，擅长将数据分析应用于开发与投资、产品与服务、人力资源、市场营销和供应链等运营管理领域，能够适应数字化时代变革的创新型高端管理人才	酒店运营与管理原理、信息技术与数字化管理、酒店与商业数据分析、程序设计基础、数据挖掘与商务智能、电子商务与新零售、数字化酒店运营、酒店战略管理、酒店人力资源管理、大数据与物联网应用、数字化营销等
上海师范大学酒店管理专业	本科	培养具有高品质人文素养、卓越专业能力、国际化视野经营管理才能；具有较高的社会责任感和较强的创新意识；并有志服务于我国旅游业与酒店住宿业的发展，能在旅游与酒店住宿业的相关企事业单位、各级旅游行政管理部门、咨询策划机构、相关旅游网络平台及旅游新业态等企业中从事经营管理、发展规划、设计、创意、产品开发等与旅游行业相关的国际化、高层次、综合性应用专业人才	酒店经营与管理、社交与旅游职业礼仪、旅游概论、旅游企业人力资源管理实务、酒店营销实务、酒店财务管理实务、酒店房务管理实务、酒店餐饮管理实务、酒店管理信息系统——opera操作、宴会销售与会议统筹实务、酒店成本控制
瑞士洛桑酒店管理学院	本科	为国际接待业，尤其是世界一流的酒店、餐馆和连锁酒店培养高层管理者	消费者营销学、组织行为学、专业发展与沟通、学术写作与研究技巧、学术英语交流、德语交流、酒店与旅游业概述、酒类课程概述、餐饮运作概述（实践课程）、餐饮服务运营（实践课程）、厨房运营（实践课程）、全球服务业经济学、餐厅收益管理、现代餐饮、语言选修课等

① 孙国雁，郑继兴. 基于 OBE 理念的酒店管理专业人才培养目标设定困境研究［J］. 黑河学院学报，2021（9）：116-117.

表1(续)

学校	办学层次	培养目标	专业课设置
美国康奈尔大学酒店管理学院	本科	为全球培养21世纪招待业的领袖	企业融资、管理会计、运营管理、服务的营销管理、MMH杰出讲座/酒店管理学院院长论坛、组织行为、房地产开发和规划、管理沟通、酒店业竞争策略、人力资源管理等

正是基于培养目标的差异，国内外酒店管理专业在课程设置上有明显区别：洛桑酒店管理学院与美国康奈尔大学酒店管理学院都注重国际化接轨，强调餐饮、酒店业、房地产等行业的融合发展，由此在专业课程设置上增加酒店相关行业的课程；而北京第二外国语学院与上海师范大学的酒店管理专业则专注于酒店行业的相关课程设置，并结合国内新零售的发展趋势有针对性设置课程。

（二）人才培养模式的差异比较

1. 教学内容的差异比较

首先，教学板块设置不同。国外酒店管理专业教学主要倾向于国际酒店管理与运营，在理论课的设置上考虑了房地产、餐饮、人力资源、市场营销等领域，在实践课程设置上甚至推出了带薪实习的课程；国内酒店管理专业教学由理论公共课、经济基础课、专业基础课、专业公共课、酒店方向课等几部分组成，在理论和实践的课程主要结合国内市场，比如民宿发展、零售业发展等进行设置，与国外专业设置有明显区别。

其次，教学侧重点不同。国外高校酒店管理专业的人才培养模式偏向注重实践教学，产教融合，相对空泛的理论，国外的酒店管理专业更加注重实践环节，所以在人才培养模式中更加注重对人才的实践要求。洛桑模式和康奈尔模式不仅仅是国外很多高等院校常用的酒店管理专业人才培养模式，也是全球公认的比较成功的酒店管理专业人才培养模式。

相比之下，国内高校酒店管理专业的人才培养模式多注重校企结合模式，其中，上海师范大学建立了众多以国际酒店为主的实习基地，与万豪酒店集团、洲际酒店集团、希尔顿、香格里拉、东湖酒店集团等酒店进行合作，增强了对酒店管理应用型人才的培养力度。此外，除了理论公共课、专业基础课等理论教学之外，国内高校的酒店管理专业在实践教学中，采用模块化和捆绑化的教学方式进行教学，在这个过程中大量投入一定的实验室与模拟酒店的建设，以进行实践教学。上海师范大学酒店管理专业就拥有各种酒店专业的实训/实验室，如西餐厅、宴会厅、实训客房、葡萄酒酒窖、茶艺室、旅游电子商务、酒店经营演练沙盘实验室、酒店管理信息（PMS）系统、智慧酒店实验室等。以全仿真与实践为目标的综合高端"海思酒店"（60 间客房）已经投入运行。

2. 培养方式的差异比较

首先，培养理念的差异。国外两所院校通过产教融合把学生培养成应用型人才，培养成具有高水平运作能力的国际酒店高级管理人才。在四年的培养中，对学生实践能力的培养贯穿在教学环节和顶岗环节。而国内酒店管理人才培养方面，虽然逐年重视实践能力的培养，但是教学活动和理论相对脱节，单一方式的灌输理论知识，实践时又只能从基层起步，很难让学生全面了解管理层面存在的问题。

其次，培养模式的差异。国外两所院校的人才培养的特点是注重将所学管理理论运用在实践活动中，并且从实践中验证和提炼理论，他们坚持走产学研相结合的道路，注重培养学生的实操能力和管理经验的积累，使学生能实现从校园到岗位的无缝连接。国内两所院校人才培养模式也强调理论与实践相结合，并通过校企合作的专业实习培养学生的实践能力。

最后，培养导向的差异。国内两所高校酒店管理专业人才培养是应用知识导向型的，以掌握知识为出发点，又以知识在实践活动中的积累为闭环，突显了把知识运用到实践的整个过程。国外两所院校酒店管理专业人才培养是职业导向型的，他们以职业素养为主线，致力于把学生培养成高星级酒店的管理人才。

二、旅游产业化发展战略背景下，贵州酒店管理专业人才培养的现状与存在的问题

（一）酒店管理专业人才培养的现状

贵州省内酒店管理专业教育最早开始于高职高专办学，最早的本科专业仅为旅游管理专业下设的酒店管理研究方向。教育部于 2012 年开始进行招生目录调整后，正式将酒店管理纳入高等教育的专业目录，对于成立酒店管理专业较早的本科院校贵州财经大学工商管理学院（原贵州财经学院旅游管理系）来说，截至 2023 年年底，也仅有 25 年的专业办学历史。

1. 人才培养目标

人才培养目标主要以培养应用型人才作为重要指标。比如，贵州师范大学酒店管理专业，旨在培养在国际知名酒店集团和管理咨询机构等企事业单位从事酒店运营管理、策划、咨询、培训、教育等工作的应用型专业人才。

2. 人才培养课程设置

根据《旅游管理类教学质量国家标准》要求，酒店管理本科专业在培养方案中的课程体系包括通识课程、基础课程、专业课程三大模块。其中专业课程模块包括必修课程、选修课程、实践课程。

3. 人才培养模式

贵州省的人才培养模式方面，主要有"产学研一体""复合型"和"联合办学"三种人才培养模式。"产学研一体"的人才培养模式主要强调校企之间的合作。例如，在2023年成立的贵州财经大学现代康旅产业学院，就将对酒店管理专升本的学生的培养划归到了为产业培养先进管理人才的培养目标中。"复合型"人才培养模式除了强调对学生专业能力的培养，还重视与学校专业背景相关的能力培养。如财经、师范、外语或管理等。"联合办学"基本采用"2+2"或"3+1"模式，接受国内两到三年的国内高等教育，然后通过学分互认和语言考试到国外学习，整个过程完成后能得到两所国内外大学的文凭。如，贵州师范大学国际学院和苏格兰高委会的HND项目就是联合办学模式。

4. 人才培养保障与评价体系

推进校企深度合作，建立基于优势互补的共享机制是贵州人才培养保障机制建设的核心。

（二）酒店管理专业人才培养存在的问题

1. 人才培养目标定位不准确

首先，贵州各高校开设的酒店管理专业人才培养的路径都较为相似，培养出来的学生所学课程、理论知识和实践经验的积累都没有较大差异，缺乏个性化，无法体现"双一流"的旅游市场需求。其次，由于学生视野和先进地区的差距，酒店管理专业人才培养很难满足市场的需要。最后，教学过程中目标和计划不明确导致教学缺乏针对性，这使得学校培养的人才不能满足酒店需求，学校酒店管理人才就业难度增加。

2. 课程结构不科学

贵州高校酒店管理专业人才培养的课程大部分还是根据现有的高等教育公共模式，即以学科和知识为基础，而不是以实际行业的需求为导向，缺少创新，与实际需求之间有一定的差距。

3. 教学形式不丰富

酒店管理专业是一个应用型专业，因此，在进行教学的过程中，教师应尽量采用场景式教学、互动式教学、翻转课堂等教学手段和方法，而这对教师具有较高的要求。但在实际的教学过程中，仍存在学生参与度低、案例陈旧，学生不是学习的主体。

4. 校企合作不深入

学校与酒店互相不了解，容易出现高校酒店管理专业培养出来的人才无法满足"互联网+酒店"的发展需求，校企合作项目仍停留于实习阶段，岗位对接不完善、岗位匹配度不高。

5. 师资能力有待提高

从调研中发现，酒店管理专业的教师虽然有着高学历、高职称，但绝大多数教师的博士或者硕士学位与酒店管理及旅游管理不相关。有一部分教师甚至并没有系统的学习过酒店管理专业，是从旅游管理、经济学、地理专业"半路"转来开始教授酒店管理课程的。其中，又不乏教师都是从学校毕业后直接进入高校任教，并没有酒店工作经验。事实上，从调查数据中看出，学生其实很期待能遇到理论水平高并且实践能力强的教师。让学生满意的教师往往是行业一线专家返聘或是经历过企业挂职锻炼的教师。

三、基于旅游产业化发展战略指引下贵州酒店管理人才培养与创新的实施方案

（一）对国内外酒店管理人才培养模式的梳理

康奈尔酒店管理学院和洛桑酒店管理学院是被公认为世界酒店业两大主流学派，是酒店业人才培养成功模式的代表。此处，笔者继续以这两所高校为研究对象。贵州高等院校选取了贵州师范大学旅游管理学院和贵州财经大学工商管理学院酒店管理专业。贵州财经大学工商管理学院酒店管理专业为省级一流专业。具体酒店管理人才培养模式梳理如表2所示。

表 2　洛桑模式、康奈尔模式、贵州院校培养模式梳理

类别	洛桑模式	康奈尔模式	贵州院校培养模式
培养理念	学以致用	以行业及职业需求为导向	立足贵州，面向西部，辐射全国，培养行业应用型专业人才
培养方式	分类教育、针对培养、产学结合、资格把控、关系覆盖	职业需求导向、以能力为本位、突出商业课程、完备的学分制、允许本科生参与科研	基础理论、学科理论、专业核心能力培养、创新创业培养

梳理发现，贵州院校酒店管理人才培养模式具有地域特色，不完全执着于国际化人才培养，而是立足于贵州，根据当下贵州发展特色培养地域性酒店管理人才。同时，贵州院校酒店管理专业也不断发展校企合作，与国内各大酒店合作，培养行业应用型专业人才。比如，贵州师范大学酒店管理专业培养目标围绕思想政治目标、专业知识目标、职业能力目标、创新创业目标进行细化，确定了如下目标：

目标 1：具备良好的道德情操和科学文化素养，具有健康的体魄，具有正确的世界观、人生观和价值观，具有酒店行业高尚的职业道德。

目标 2：具备扎实的现代酒店管理理论基础与较强的实践能力，能够综合运用本专业知识以及其他相关学科知识，在酒店等相关行业从事经营、管理、策划、规划、咨询、培训、教育等工作。

目标 3：具备良好的沟通、协调、管理、竞争和合作能力，具有较强的创新意识和自我拓展能力，具备一定的自我调控能力、灵活应变能力和危机应对能力，能够胜任酒店及其他现代服务行业相关管理部门的工作。

目标 4：具备良好的形体与礼仪，熟练的普通话和英语口语表达能力，塑造良好的职业形象。

目标 5：具有全球化意识和国际视野，熟悉相关产业研究的前沿理论和研究动态，适应国内外酒店及相关行业的发展形势与环境，拥有自主的、终生的学习习惯和能力，实现个人职业能力与水平的持续提升。

目标 6：具备创新创业所需要的探索精神、创新意识和实践能力，成为创新型人才。

根据培养目标，贵州师范大学酒店管理专业人才培养模式依据《普通高等学校本科专业类教学质量国家标准》《贵州省推进教育现代化建设特

色教育强省实施纲要（2018—2027年）》等文件精神，立足贵州，面向西部，辐射全国，培养德智体美劳全面发展的应用型酒店管理专业人才。

贵州财经大学酒店管理专业设置了旅游学概论、旅游接待业、旅游经济学、酒店管理概论、酒店经营与管理、酒店客户管理、前厅与客房管理等专业课程，培养能在酒店从事前厅、客房、餐饮、康乐、会展、人力、财务、营销等工作的高素质应用型现代经济管理人才。毕业后可面向星级酒店、酒店管理集团、餐饮企业、游乐中心、会展服务、公关公司、旅游服务中心、旅行社、政府旅游机构等就业。

（二）对贵州高校现有的酒店管理人才培养模式进行优化

贵州高校酒店管理人才的培养目标关键词有"扎实的理论基础""较强的实践能力""高素质""复合创新型酒店管理人才"，但现在实现这一目标仍然存在着困难，现实的培养与目标有着明显的差距。通过对国内外酒店管理人才培养目标及专业教育之间进行对比，提出贵州高校酒店管理人才培养目标、培养规格、课程体系、师资队伍、教学条件、质量保障系统上存在的不足之处，进而提出优化方案，促进贵州酒店管理人才培养模式的完善以适应贵州旅游产业化发展战略。

1. 培养目标创新

基于酒店企业需求开展具体调整，根据行业发展的具体变化和需求制定培养目标。在具体制定人才培养目标时，相关人员需要基于职业标准和岗位需求进行具体工作，同时，基于社会需求，对其师资队伍、课程设置和教学计划进行科学调节，确保学校教育工作能够最大限度地适应酒店行业发展需求强化学生实践能力。

2. 培养规格（专业培养目标）创新

其一，要针对专业性质，在酒店管理专业人才培养规格上进行拓展，细分人才培养规格，例如，可分为技能型、技能技术型、技术型及综合型四种类型。其二，要以职业素养为培养基础，并且将岗位胜任力作为人才培养规格内容的主线。其三，根据科学的理论基础、专业知识及操作技能培养酒店管理学生，使酒店管理学生在实践中验证理论、提炼理论、升华理论。

3. 课程体系创新

其一，借鉴洛桑模式，开发课程体系。构建产学研结合模式，注重将企业引入学校，让学生进入产业中。其二，遵循知识和能力递进的原则。

专业基础课程应当着重培养学生的职业素养和沟通能力，介绍基本管理方法并帮助学生形成对酒店和酒店行业的正确认知。专业核心课程应当瞄准当前行业最需要的核心能力（目前来说是数字化能力），并对内容过时或缺少数字化应用的课程进行改革。让学生在专业课程中进一步扩展和延伸专业知识与技能，拓展选择面和发展通道，拓展课程还可以体现学校特色，服务区域经济发展。

4. 师资队伍创新

借鉴国内外先进的招聘经验，选择行业导师、产业导师加入平时的教学。在引进高校专任教师时，要注重其相关从业经历，不能一味追求学历和科研成果，要挑选教师的教学能力与行业经验。

5. 教学条件创新

在这方面，贵州高校可借贵州大数据发展的春风，大力推进数字化课程建设，改进教学条件。例如，增设其他关于数字化的课程，如酒店数字化管理、大数据分析与应用及酒店经营模拟等来加强对学生的数字化教育，以促进酒店管理专业学生创新思维发展，提升创新创业能力。

6. 质量保障体系创新

要明确专业人才培养标准、优化课程体系，根据教育部和教学指导委员会颁发的核心课程和教学要求确定课程名称和教学内容，编制人才培养标准。

（三）教学手段及实践教学创新

传统的以理论为主、停岗实习实践教学方式已无法适应行业的发展，贵州高等院校酒店管理人才的培养存在"供需错位"现象，人才培养不能满足本地乃至全国日新月异的标准化及非标酒店业发展需求。因此，酒店管理人才培养中的教学手段及实践教学不得不根据市场的需要而做出相应的调整，达到自身的完善，满足酒店业对酒店管理人才培养的需要。

四、结语

贵州酒店管理专业人才培养要摒弃"求全"心理，一方面，要根据贵州本土特色培养酒店管理人才，做到既符合贵州景区酒店人才需求，又能与国际化水平接轨；另一方面，贵州高校在制定酒店管理人才培养目标时，需要进行理论学时和实践学时的比例调整，积极与企业沟通以了解行业需求现状及特点，在符合教育部、教学指导委员会的要求下制定适合地方经济和企业需求的人才培养目标。

参考文献

［1］李彬. 新文科背景下酒店管理专业人才培养的开放式创新模式研究［J］. 吉林省教育学院学报，2021（5）：51-54.

［2］孙国雁，郑继兴. 基于 OBE 理念的酒店管理专业人才培养目标设定困境研究［J］. 黑河学院学报，2021（9）：116-117.

［3］孔繁嵩，程宗宇. 国内外高校酒店管理专业人才培养模式研究［J］. 旅游纵览，2018（8）：131.

［4］朱正杰，刘琳. 中外高等院校酒店管理专业人才培养模式差异分析［C］. Proceedings of 2017 2nd ISSGBM International Conference on Information，Communication and Social Sciences（ISSGBM-ICS 2017）

［5］包永宏. 酒店管理教育教学探析：评《酒店管理教育教学研究（2015）》［J］. 中国教育学刊，2017：60.

［6］寻益人. 基于智慧酒店时代的高职酒店管理专业人才培养探索［J］. 农村经济与科技，2019，30（19）.

［7］朱正杰，刘琳. 中外高等院校酒店管理专业人才培养模式差异分析［C］. 2017 2nd ISSGBM International Conference on Information，Communication and Social Sciences（ISSGBM-ICS 2017）.

［8］黎雪. 中外高等院校酒店管理人才培养模式比较研究［J］. 大众标准化，2020（14）：93.

［9］尹萍. 全域住宿业"智时代"下酒店管理与数字化运营专业人才培养的实践与思考：以青岛酒店管理职业技术学院为例［N］. 中国旅游报，2021-06-14.

新文科建设背景下应用型会计学专业人才培养建设实践

——以攀枝花学院为例

韦 霞

（攀枝花学院经济与管理学院）

摘要： 新文科建设是高等教育创新发展的必然路径。在此背景下，会计学专业人才培养需要注重以需求为导向，多学科交叉融合。本文以攀枝花学院会计学专业为例，从优化人才培养方案、推进课程建设、实施教学模式和方法改革、全面加强校企合作、提升实践教学能力、加强师资队伍建设、完善专业建设管理机制等方面对应用型会计人才培养创新与实践进行探讨，旨在推进新时代会计学专业的转型发展，培养满足社会需要的应用型会计人才。

关键词： 应用型本科；会计学；专业建设

2019 年 4 月，教育部等多个部门在天津联合举办"六卓越一拔尖"计划 2.0 启动大会，标志着国家层面的新工科、新医科、新农科、新文科建设正式启动。2021 年 2 月，教育部高等教育司印发《教育部高等教育司 2021 年工作要点》，提出要深入推进包括新文科在内的"四新"建设。2022 年 7 月，"新文科建设高峰论坛 2022"成功举办，着力推动新文科建设再落实、再深化、再突破。短短几年，新文科从概念到行动，对中国高校文科乃至中国社会发展产生了广泛影响。

吴岩（2020）认为，"新文科"就是文科教育的创新发展。其目标是培养知中国、爱中国、堪当民族复兴大任新时代的文科人才。王妍妮（2021）认为，"新文科"建设背景下的会计人才素质培养，应注重道德修养、知识结构、专业能力等方面。罗勇（2021）认为，适应"新文科"发展"新"趋势，高校会计人才培养面临三个新的变化、新的要求：第一，新技术、新经济要求会计人才培养更加注重学科专业交叉融合；第二，新时代、新使命要求会计人才培养更加注重坚持"立德树人"；第三，新阶段、新格局要求会计人才培养必须立足中国，融通中外。

在"新文科"建设背景下，攀枝花学院会计学专业不断探索新技术、新学科和会计教育的结合，实现学科交叉融合发展，培养掌握现代先进技术方法并引领经济发展的应用型会计人才。经过几年的努力，在推动应用型会计人才培养方面做出了一些改革与实践。

一、优化专业人才培养方案

（一）重新定位人才培养目标

遵循经济与管理学院立足攀西地区战略资源综合开发和区域产业升级以及企业数智化转型，坚持"立德树人、产教融合、应用为先"的办学理念，会计学专业人才培养目标定位为：培养适应区域经济社会发展需要的、德智体美劳全面发展，艰苦奋斗、自律自强，具有较好自然、人文社会科学基础，掌握管理、经济、法律等方面基础理论，掌握会计学专业理论和专业技能，具有较强会计实务操作能力和财务分析与决策能力，能在企事业单位及政府部门从事会计、财务、审计等方面工作，具有创新精神、创业意识和职业能力的应用型人才。

（二）构建毕业要求实现矩阵和课程目标矩阵

围绕专业人才培养目标，人才培养方案将学生的素质、知识、能力细化为以下十个方面的毕业要求：思想道德、身心健康、通识知识、学科基础知识、专业知识、通用能力、专业基本能力、信息挖掘及分析能力、综合运用能力、创新创业能力。针对每一项毕业要求，建立了相应的指标点和支撑课程群；同时针对专业核心课程，从课程思政、专业知识、专业能力等方面明确了课程目标，构建了毕业要求和课程体系之间的多维对应关系。

（三）调整课程体系

以人才培养方案为指导，形成了由通识教育、专业教育、创新创业三大平台，通识必修、通识选修、学科基础、专业核心、实践必修、专业限选、创新创业教育七大模块组成的"3+7"课程体系。在2022级人才培养方案中，设置劳动教育课程7门、产教融合课程8门、创新创业课程7门，进一步凸显了人才培养的"应用型"。根据行业和社会发展，开设了Python数据分析、财务大数据分析等适应大数据、人工智能要求的专业课程，实现了学校人才培养和社会企业人才需求的"无缝"对接。

二、加强课程建设

（一）打造优质核心课程

2019 年中级财务会计立项为省级应用型示范课程，审计学立项为省级课程思政示范课程，2020 年创业会计学立项为省级创新创业教育示范课程。在示范课程的带动下，先后立项会计综合实训、项目投资管理、管理会计省级一流本科课程，审计学、管理会计、财务管理、统计学校级一流本科课程，统计学校级课程思政示范课程。

（二）更新课程教学内容

第一，在调研和研讨的基础上，以提升学生能力为导向，梳理各门课程内在逻辑关系，重新分配会计系列课程教学内容和学时安排。例如：对中级财务会计、高级财务会计和税务会计与纳税筹划等课程教学内容重新分配，避免教学内容的重复，促进课程之间的有效衔接；在税务会计与纳税筹划课程中加大纳税筹划学时，培养学生税务知识的综合运用能力；在中级财务会计和高级财务会计课程中加大财务信息披露相关内容学时，帮助学生理解会计确认和计量对财务报表的影响，提升学生分析解决问题的能力。

第二，将学科前沿和人工智能、大数据、云计算、区块链等技术变革的行业影响融入会计系列课程。根据学科前沿发展动态对课程内容实时更新；邀请行业和企业专家参与会计系列课程大纲和内容的建设与开发；引入智能化时代的会计行业技术、手段和方法的新变革，结合行业最新实务，从全新数据维度开发培养学生判断、分析、决策能力的教学案例。

（三）建设信息化、精品化、共享化的课程教学资源

第一，会计专业课程的线上平台涵盖电子教材、教学视频、试题库、教学案例、教学课件、扩展阅读资料等教学资源，整体初步实现了教学资源的全维度信息化。充分吸收采纳公开网站上的各类教学资源为我所用，已有资源不重复建设；无法满足教学需求的，教学团队积极发挥主观能动性，自主开发教学资源，包括：录制知识点讲解视频、开发新的试题和教学案例等。

第二，对课程建设过程中原创形成的资源进一步整理、筛选、提炼，打造精品化教学资源。近年出版《会计学基础》《会计学基础模拟实验教程》《财务会计教学案例》等教材及案例集近十部。

第三，已建成的教学资源，通过网络教学平台在不同课程间自由共享，提升相关课程在线资源的建设效率，构建课程共享联盟，为进一步扩大课程建设成果的使用范围打好基础。

（四）引入双向多维的课程教学评价机制

第一，平时与期末并重，课堂考核与课下考核并重，强化对学生学习过程的评价。将学生在线学习行为纳入评价体系；对需要批改的课后作业部分引入学生互评；对分组完成的作业，引入组间互评和组内匿名互评。提升学习过程参与度，多环节、多维度考察学生的学习投入、学习成果和差异化能力。

第二，引入课程思政达成度评价。就某课程思政主题对比调查学生课前课后观点变化，通过学生实际的获得感验证课程思政实施效果，并以此为基础调整后续课程思政内容及融合方式。

第三，设置课程教学问卷，在课程结束后收集对教师教学态度、授课质量、教学方法等方面的意见，邀请学生为在线课程评分、提建议，作为后续课程改革的参考，在课程设计、教学实践过程中不断进行教学反思，对课程进行持续性改进。

三、实施教学模式和方法改革

（一）深化混合式教学模式

2017 年会计学基础申请成为学校首批混合式课程建设项目，先后在优慕课平台和超星平台建设完成了混合式课程并持续投入使用。之后财务报表分析、会计综合实训等课程先后立项校级混合式课程建设项目。通过重点课程开展混合式教学的探索实践，积累了混合式教学改革的实施经验，带动会计学专业其他课程实施混合式教学，利用新型教学技术手段优化传统教学方法。课前线上学习贯彻实施"翻转课堂"理念，要求学生通过线上导学中的教学资源和教学活动安排完成课前预习，教师根据反馈调整线下课堂讲解内容。课堂上通过教学案例强化研讨型、分析型的教学活动设计，鼓励学生分组开展头脑风暴并通过报告、答辩等方式展示观点。课后布置更具挑战性的线上作业及探究式学习任务，利用平台教学预警系统识别需要特别关注的学生，进一步安排作业提醒及线下面谈交流。

（二）构建立体化教学方法体系

围绕应用型人才培养目标，以岗位能力为导向，采用"课堂案例+课内实验+课外实践"三位一体的教学模式，构建了由案例教学法、情景教学法、项目教学法、实验教学法组成的立体教学方法体系，实现课程教学的三个"有机融合"，即课程教学标准与未来职业标准有机融合，课程教学过程与未来岗位真实情境有机融合，学业评价与未来职业能力鉴定有机融合。在会计学基础教学中，通过"线上+线下"，实现以"学生为主体，教师为主导"的翻转教学；在中级财务会计教学中，广泛采用案例教学，引导学生思考，培养学生分析解决问题的能力；审计学教学通过案例学习和企业实账模拟审计，使学生加深对审计理论的理解，培养学生的审计实务技能。财务管理课程引入发展性课堂教学模式，增强学生的立体思维能力，并广泛应用案例教学。

四、全面加强校企合作

（一）建立校企合作运行机制

通过构建政府、产业、高校、科研机构、用人单位、投资人六方主体协同育人机制，形成"政府支持—高校联动—企业协同—研究应用—社会投入—学生参与"多方联动育人路径，从"专业定位、师资队伍、教学资源、培养过程、质量监督"五方面保障人才培养质量。成立协作委员会，明确委员会工作性质、原则及活动方式，建立多方主体合作机制、定期会商机制及协同育人管理机制，形成了人才培养的合力，加强了人才培养的深度，提升了产教融合的实效。

（二）校企合作共建教学资源

教学资源在人才培养中发挥重要的基础作用。理论教学方面，校企合作编写教材、商讨教学大纲、开发课件、视频、案例等各种教学资源，全面提升教学内容与形式的实用性，及时掌握最新课程内容与最新科学技术，提高学生对会计和财务职业的认知，培养学生分析解决问题的能力。实践教学方面，与金蝶、用友等软件公司共同构建校内实验实训平台，与华西证券、攀枝花钢城集团等企业单位建立校外实习实训基地，着力培养学生的实践能力和创新能力，促进应用型人才培养目标的实现。

（三）校企合作共建师资团队

与政府部门、行业企业等在人才培养、企业培训上互设实习基地和人力资源培训基地，建立人才双向互换机制。以校外实习基地为依托，建立双师双能型教师培训基地，分批选送教师到一线挂职工作或实践锻炼；从企事业单位、政府机构等聘请高水平专业人员担任兼职教师。校内外教师通过共商人才培养方案、共建教学资源、授课讲座、论文指导、实习指导等多种方式参与人才培养的各个环节。

五、提升实践教学能力

（一）搭建"1+2+3+4"实践教学体系

围绕职业能力培养，搭建"1个教学理念、2个培养环节、3项保障措施和4大技能模块"实践教学体系。"一个教学理念"即树立全面质量关，提高教学效益，培养学生实践能力和创新能力。"两个培养环节"即把实践教学分为校内实验与校外实习环节。"三项保障措施"即通过"双师型"队伍建设、教学方法与手段创新和评价体系创新，保障教学理念的实施。"四个模块"即基本技能模块、专业技能模块、综合运用能力模块和创新能力模块。实践教学体系的建立解决了知行合一、校企协同的措施问题，持续提升了实践教学水平，优化了校内实验内容，建立了校外实践平台。

（二）优化实践教学课程体系

通过构建"课内实验+独立实验+实践环节"的实践课程体系，将实践教学贯穿于人才培养的全过程。课内实验包括国家税收、成本会计、管理会计、财务报表分析、高级财务会计等课程。独立实验包括会计信息化、财务管理实验、会计综合实训、Python数据分析、财务大数据分析、跨专业综合实训等课程。实践环节包括军事理论、思想政治理论综合实践、认识实习、专业实习、毕业实习、毕业论文等课程。课程时间从第一学期延伸到第八学期，实现学生"学习—实践—再学习—再实践"的职业能力培养过程。课程内容由点及面，由浅入深，实现学生循序渐进掌握单一技能到职业技能综合能力培养的全过程，满足用人单位对会计专业人才的需求。

（三）完善实验教学条件

目前，可用于会计学专业的校内实践教学中心面积达3 000余平方米。2022年新建经管数智实验室并购买了云财务管理大数据平台、大数据处理分析平台、大数据与应用实践教学平台等专业软件。将大数据、人工智能等新技术应用于日常的会计专业教学环节中，探索数据的内在联系，挖掘业务潜在价值，让学生更直观地感受新形势下会计技术及会计职能的转变，用创新的视角应对未来即将进入的工作环境，提前适应大数据环境下的会计工作。

六、加强师资队伍建设

（一）加强教师实践能力培养

为提高教师的教学实践能力，在学校和学院的政策支持下，采取送培、引进、到企业实践等方式，提高本专业教师的教学实践能力。学校建立了外出培训相关制度，鼓励教师外出参加各类课程培训、专业研讨、学术交流，提高教师的教学能力。学校积极邀请高校及企事业单位的专家到校为教师开展各类学术讲座，传递先进的教学理念、学术思想及实践经验。学校按照"全面培养，重点培养，学以致用，确保实效"的原则，将教师派往生产和社会一线进行实践锻炼和培养培训，提高教师的实践操作能力和动手能力。同时，鼓励教师参加注册会计师、中级会计技术资格等职业资格考试，提高教师的实践能力。

（二）打造卓越教学团队

目前，会计学专业已建立了省级"课程思政"教学团队。团队教师对课程建设的关键问题达成共识，促进这些理念在课程设计、课程实施、课程评价等过程中一以贯之，以最终实现课程建设的预期目标。科研、教研水平较高的教师主动承担对青年教师的传帮带责任，在日常教学经验交流、科研教研项目中给予必要的引导和帮助；青年教师充分发挥其在信息技术等方面的优势，迅速成长，凝聚团队智慧，发挥团队效应，锻造学习型成长型团队。

七、强化专业建设管理机制

学校建立了完善的教学管理制度，把学科建设、专业建设、人才建设、课程建设、实验室建设等各项管理工作规范化、制度化，使专业建设工作有章可循。为保障专业建设质量，学校每年委托第三方机构对每届毕业生开展就业与培养质量的跟踪调查，编制《毕业生就业质量年度报告》，为专业教学质量提供反馈。根据调查数据，学院形成《会计学专业建设和课程教学满意度分析报告》，反思专业建设中的问题，不断完善专业建设体系，提高专业教学质量。

地方高校劳动与社会保障国家一流专业建设路径探索
——以贵州财经大学为例

齐艳华

（贵州财经大学）

摘要： 本文探讨了地方高校劳动与社会保障一流本科专业建设的路径，从优化人才培养目标、深化教学改革内容、强化专业师资队伍等角度分析了一流本科专业建设的具体措施，提出了创新实践教学路径、启动智慧教学环境下的课程思政建设、提升教师教学水平是推进高校一流本科专业建设的趋势。

关键词： 人才培养体系；一流专业；智慧教学

2015 年以来，国家推行"双一流"建设，从一流学科、一流专业到一流学校建设，各地方高校纷纷掀起了建设一流专业的热潮。2018 年 6 月召开的新时代全国高等学校本科教育工作会议提出，坚持"以本为本"，推进"四个回归"，建设中国特色、世界水平的一流本科教育，为新时代本科教育指明了方向。为加快建设高水平本科教育，全面提高人才培养能力，同年 10 月 17 日教育部印发《教育部关于加快建设高水平本科教育全面提高人才培养能力的意见》等文件，决定实施"六卓越一拔尖"计划 2.0，之后又提出要全面推进新工科、新医科、新农科、新文科建设，提高高校服务经济社会发展能力。为了落实相关会议精神，做强一流本科、建设一流专业、培养一流人才，全面振兴本科教育，提高高校人才培养能力，实现高等教育内涵式发展，2019 年 4 月，《教育部办公厅关于实施一流本科专业建设"双万计划"的通知》的发布，标志着一流专业建设正式启动。计划 2019—2021 年，建设 10 000 个左右国家级一流本科专业点和 10 000 个左右省级一流本科专业点。

一、贵州财经大学劳动与社会保障国家一流专业的建设历程

1998 年，教育部发布《普通高等学校本科专业目录》，决定增设劳动与社会保障专业，目的是满足我国劳保人才健康发展的需要、培养专门人才。贵州财经大学 2001 年在贵州省内率先设立劳动与社会保障专业，2008 年在贵州省内成为唯一的公共管理本科省级特色建设专业，在 2019 年年底获得国家一流本科专业建设点。

劳动与社会保障专业坚持以习近平新时代中国特色社会主义思想为指导，面向新时代数字经济发展战略的需要，坚持内涵式发展道路，全力落实"立德树人"的根本任务，在"创新、协调、绿色、开放、共享"的发展理念引领下，秉承贵州财经大学"厚德、博学、笃行、鼎新"的理念和"儒魂商才"的人才培养总体目标，努力培养德智体劳全面发展的高素质专业人才，逐渐形成优势明显、特色鲜明、在西部有影响力的人才培养示范专业。

自国家一流专业建设点获批以来，本教研室教师承担国家社科基金课题、教育部人文社科课题、贵州省哲学规划课题、科技厅等省部级课题 10 余项，横向课题 30 余项；在 CSSCI 等各项期刊上发表论文 30 余篇，获批教育部产学研"劳动与社会保障实践实训仿真教学平台建设" 1 项，并建立了智慧教室。

二、劳动与社会保障国家一流专业的特色

与传统的培养模式相比，劳动与社会保障专业更注重案例教学研究，注重教师教学质量和科研反哺教学，注重学生创新与实践能力提升，注重产、学、研协调育人和复合型人才培养，注重专业素养培育与课程思政融入等。

（一）培养目标

人才培养目标必须与学校办学定位相符合，充分体现和发挥学校的办学优势、办学传统，培养目标的设立应适应国家和区域经济社会发展的需要，服务面向清晰，符合学校发展定位和办学方向，其制定的程序应规范、科学。如劳动与社会保障专业，应符合学校办学定位和专业人才培养目标，以学术型人才培养为主，坚持立德树人。要求学生系统掌握管理学、经济学、社会学等相关专业的基础知识，了解国内外劳动与社会保障

理论及实践的历史和现状，具备运用现代技术手段进行调查分析和实际操作的能力，能在政府部门、政策研究部门、大中型企事业单位从事劳动与社会保障工作的高级专门人才。

近年来，劳动与社会保障专业人才培养质量显著提高。毕业生考研升学率显著提高；英语四六级通过率也明显增强；毕业生已经在省级以上学科竞赛中获得奖励；并获得十多项省级大学生创新创业项目，而且2019届本科生还在省级学术期刊发表论文；历届毕业生就业率一直稳定在90%以上。

（二）教学改革效果

课堂教学是根本，开展应用型特色课堂教学应用型能力培养贯穿整个课堂设计。采用线上线下混合式教学模式，将项目驱动、小组讨论、头脑风暴、情景式教学、PPT展示演讲等多种教学方式相结合。项目式教学通过转变学习方式，在主动积极的学习环境中，激发学生的好奇心和创造力，培养学生分析和解决实际问题的能力，进而提高学生合作精神、团体意识和合作能力。

以优质课程、"金课"建设为重心设置相应的标志性指标体系，除了精品课程与在线开放课程以外，还鼓励校内教师积极参加各种教学竞赛。通过开展混合式教学，不仅充分运用了"现实+虚拟"和"教训+情境"的方法，也提高了"竞赛+师培"的创新水平，还在教学中更加纯熟地应用了"模拟+实训"的方法。通过优化教学激励机制，专设以教学为重心的教学型高级职称晋升通道，评选最具代表性的优秀教师并给予奖励。

劳动与社会保障专业成功立项两门省级"金课"，一门校级"金课"，获批学校两门慕课建设，且一门已经建设完成并成功在"超星"线上运行，另一门即将在"智慧树"线上运行。此外，劳动与社会保障专业还承担贵州省教育教学改革等各类教改课题近10项。

（三）实践教学

劳动与社会保障专业课程设置分为专业基础课、专业限选课、专业任选课。在劳动与社会保障专业的课程教学中，应建立健全贯穿培养全程的实践教学体系，理顺教育见习、实习和研习三者之间的先修后续关系，落实"教育研习"环节，使学生沿着了解教学—学会教学—研究教学的路径不断提升，切实提高教师的教学能力和教研能力①。通过劳动课、实习教学使学生理解以"劳"育人的功能。

近年来，劳动与社会保障专业教师承担了 20 多门专业课程及实践环节教学，开展了劳动与社会保障实践实训仿真教学平台建设，在导师的指导下使学生的实践能力获得了提升。

（四）师资队伍

在教师引进与培养制度中，秉承"人才强校"战略，坚持引育并举，出台教师引进与培养制度文件，有计划地引进优秀青年教师和高层次海内外师资人才，对新进教师进行严格的入职培训，面向全体教师进行思政和教学方法培训，提高师德师风、专业水平②。

劳动与社会保障专业师资结构均衡，目前专业教师 15 名，教授 3 人，副教授 8 人，讲师 4 人。其中，博士学历 11 人，结构日益合理。师资学历、学缘、年龄结构合理，能够为专业发展奠定坚实基础。

三、劳动与社会保障国家一流专业建设中面临的困境

我国已处于高等教育内涵式发展的重要时期，一流本科专业建设的核心在于通过专业建设提高人才培养质量，促进高校内涵式发展。因此，高校一流专业建设面临的突出问题就是如何基于内涵式发展的角度提高人才培养质量。

（一）理论培养与实践能力存在较大的差距

完善的课程体系是一流专业建设的着力点。劳动与社会保障专业是理论性和应用性共生发展的学科，但长期以来，在对劳动与社会保障专业教学研究中，我们往往认识到了专业的应用性程度取决于对劳动与社会保障基本理论把握和理解的程度，却在一定程度上忽视了专业需要在应用和实践中不断进行理论创新。因此，长期以来，教研方式学术化成为本专业教育的主线③。

在目前公共管理类本科人才培养中，理论化培养体系仍处于主流地

---

① 鲁云凤，姚伦广，庞发虎，等. 地方高校生物科学国家一流专业建设探索与实践：以南阳师范学院为例［J］. 南阳师范学院学报，2023（1）：21-23.

② 陈志刚，石金晶，奚晓燕."双一流"建设背景下软件工程国家级一流本科专业建设思路探讨［J］. 中国大学教育，2022（6）：13-16.

③ 周超. 开放与融通：新时代经济学人才培养改革探析［J］. 中国大学教育，2020（11）：24-27.

位，在课程学分的设置中，实践学分偏少，这不可避免地与社会对学生较强实践能力的要求之间存在着差距。公共管理类劳动与社会保障一流专业建设要着力培养高素质、综合性专业人才，对学生的实践能力培养是不可或缺的重要环节。

（二）少数课程内容与人才培养要求存在提升空间

一流本科专业是经由多维度、多角度、多尺度的教学改革尝试与实践成果构筑而来的。劳动与社会保障专业人才培养近些年发生改变，相应地，劳动与社会保障专业课程教材建设也取得了较大进展，一批"马工程"教材投入使用，但劳动与社会保障专业仍有很多课程没有"马工程"教材，这在一定程度上出现了课程内容与国家要求之间不太适应的倾向。

在劳动与社会保障专业教材体系没有完全建立起来之前，课程内容设计仍需要改进，课程中思政教学没有完全体现，培养新时代中国特色社会主义的建设者和接班人，必须强化马克思主义的指导地位的设计内容。课程思政建设仍需要改进和提高，其建设的落脚点就是要不断深化教学改革内容。

（三）教学与科研的不对等与教学质量提升之间存在一定的矛盾

教学平台主要负责基本技能培养，而科研平台负责创新能力培养，教学平台与科研平台的职能虽有一定差别，但都参与人才培养。在高等教育中，教学和科研本是相互促进、共生发展的关系，教师在教学中要把科研成果及学科进展引入理论教学，将研究成果融入理论教学、实践教学中，不仅使科研资源得到充分利用，还有效提升了学生的实践技能及科研素养。但在过去相当长的时期内，由于评价体系和考核标准的导向，尤其是学科建设的导向性影响，我国高校"重科研轻教学"的现象仍然长期存在①。

实际上，一流本科专业建设要把"立德树人"列为首位，在处理教学和科研的关系时，要把提高课程教学质量作为高校工作的核心问题。否则，高校的教育可能会出现本末倒置的现象。

近年来，本科教育教学质量虽然备受各方重视，但从实际来看，在重科研的惯性和存在路径依赖的背景下，专业任课教师在基本的教学态度及

---

① 严纯华. 浅谈教学与科研的关系 [N]. 光明日报，2020-09-10.

教学技能等方面还需进一步提升①。

四、改善劳动与社会保障国家一流专业的机制

一流本科专业建设是培养合格的社会主义建设者和接班人的重要途径，是实现中华民族伟大复兴的中国梦重要一环。地方高校专业建设往往存在发展理念等问题，一流本科专业建设需要更新专业发展理念，提升专业认知水平，正确认识、理解和把握专业建设的内涵及其与社会需求、职业发展之间的关系。

（一）创新实践教学路径

实践教学有利于加深学生对理论知识的理解，是培养具有创新意识的高素质人才的重要环节，也是理论与实践相结合、培养学生掌握科学方法和提高动手能力的重要平台。一流本科专业应用型人才培养需因地制宜、因材施教，把创新创业教育贯穿人才培养全过程，结合国家需求制定培养目标，培养出社会需要的新时代人才。劳动与社会保障专业应通过举办国家级专业竞赛，提高学生解决问题的能力。为引导大学生创新创业实践，提高大学生的组织、策划、收集调查和处理分析数据等专业实战能力，培养学生的市场敏锐度和团队协作精神，从而达到"以赛促学、以赛促研、以赛促教"的目的。建立校外实践教育基地，能够有力地促进本科生实习实践活动的深入开展。劳动与社会保障专业应努力培养出具有创新精神和创新能力的高素质特色应用型人才，为国家实施创新型发展战略提供人才保障及智力支持。

（二）启动智慧教学环境②下的课程思政建设

立德树人是高校立身之本，劳动与社会保障专业应秉持立德树人的核心理念，聚焦学生健康成长成才，以德为先、以生为本，注重把中华传统文化中所蕴含的文化元素纳入学生理想信念教育之中。在课程思政方面不断推进教师将新时代党的基本理论思想和核心价值观融入课堂教学。

在课堂教学中将智慧课堂作为背景，对劳动与社会保障专业课程思政

---

① 郑展鹏，陈少克，吴郁秋. 新文科背景下经济学类一流专业建设面临的困境及实践 [J]. 中国大学教学，2022（9）：7.

② 智慧教学环境指的是基于互联网思维，通过信息技术及大数据创设动态性、生成性的课堂，将智慧课堂环境作为基础，提高教学质量，使其与课程思政充分融合，调动学生主观能动性以及学习兴趣，使教学工作的开展满足学生发展需求。

教学进行改革，为教学主体创设互动的平台与环境。课程教学转向课程思政，编制本团队课程思政教学改革方案；在课程大纲中全面融入思政元素，将思政教育落实到每门课程之中。在智慧教学背景之下，教师应该摒弃传统教学理念，将课堂延伸至课外，不仅包括学校课堂，还包括社会课堂。除此之外，应该对现有教学资源进行充分整合，打破专业限制，促进学科融合，其中不仅包括线下课堂，也包括线上课堂，积极开展线上线下混合式教学。在教学课程思政的融入中，重点关注教室平台应用、教学内容、教学方法与技能和教学效果等方面。思政全面融入课堂教学，在教学大纲中全面落实思政，对每门课程的思政元素进行挖掘，解决为谁培养人才和培养什么人才等核心问题。

（三）提升教师教学水平

教师队伍为一流专业建设提供人力支撑，是整个专业建设的核心力量。"有高质量的教师，才会有高质量的教育"。确保"准教师"质量，师德师风建设是根本。

教学质量的提高需要多方面因素、多种办法，利用教学竞赛引入竞争机制和激励机制，是提升教师教学能力、提高教学水平的重要手段，也是促进教学发展的重要动力。

教师通过参加教师教学竞赛来增加自己锻炼的机会，把教学竞赛当成提高自己的教学能力和完善自身的综合素质基础的平台，包括对教材的整体把握、重点难点的分析、教案的撰写、课堂教学的组织与驾驭能力、多媒体的设计与运用等方面[1]。专业建设的实施者是教师，教师承担制订人才培养方案，修订教学大纲，教学设计、教学方法的改革工作，其完成质量的高低直接影响到学生的学习效果。

五、结语

劳动与社会保障专业建设是个系统工程，在建设过程中面对课程体系设置、教学互动、实践教学、专业培养理念、教师队伍等问题，提出要建设一流本科专业课程体系，打造一流本科专业教师队伍，构建一流专业建设新理念。劳动与社会保障专业应根据自身特点进行统筹规划，做好一流专业的一体化建设，不断提升学科专业水平，全面提高人才培养质量。只有强化教师

---

① 麻晓霞. 浅析高校青年教师教学竞赛促进教学能力培养活动［J］. 化工高等教学，2017，36（6）：91-93.

队伍、完善课程及各类学习平台建设，实现构成一流专业建设的核心要素的优化组合，形成合力，才能从整体上推进一流专业建设和人才培养。

参考文献

［1］鲁云凤，姚伦广，庞发虎，等. 地方高校生物科学国家一流专业建设探索与实践：以南阳师范学院为例［J］. 南阳师范学院学报，2023（1）：21-23.

［2］陈志刚，石金晶，奎晓燕. "双一流"建设背景下软件工程国家级一流本科专业建设思路探讨［J］. 中国大学教育，2022（6）：13-16.

［3］周超. 开放与融通：新时代经济学人才培养改革探析［J］. 中国大学教育，2020（11）：24-27.

［4］严纯华. 浅谈教学与科研的关系［N］. 光明日报，2020-09-10.

［5］郑展鹏，陈少克，吴郁秋. 新文科背景下经济学类一流专业建设面临的困境及实践［J］. 中国大学教学，2022（9）：7.

［6］麻晓霞. 浅析高校青年教师教学竞赛促进教学能力培养活动［J］. 化工高等教学，2017，36（6）：91-93.

一流专业建设理念下员工关系
管理课程建设与教学探索

张露

（贵州财经大学工商管理学院）

摘要： 本文以员工关系管理课程建设为例，探索一流专业建设理念下员工关系管理的课程建设和教学问题，并结合共享发展理念与和谐劳动关系构建的现实需要，对员工关系管理课程建设的主要目标和内容结构进行探讨，最后从课程的内容建设、资源建设和授课方式创新三个方面给出建议。

关键词： 一流专业；员工关系管理；课程建设；和谐劳动关系

党的十八大后，中国特色社会主义进入新时代，社会发展与数字经济引发劳动关系领域的嬗变。一方面，我国社会主要矛盾转换为人民日益增长的美好生活需要与不平衡不充分的发展之间的矛盾，劳动者的需求层次不断提高，不仅关注自身劳动权益，而且看重体面的工作、有潜力的职业平台等；另一方面，由于经济增速放缓，失业率增加，叠加新经济、新业态的冲击，造成劳动关系脆弱，引发劳动纠纷甚至集体性劳动争议。因此，员工关系管理课程要顺应社会经济发展需要，围绕和谐劳动关系的构建，将多样化的员工关系管理策略研究深度融入课程建设，探索新的教学内容和方式。

一、一流专业建设理念

现阶段，高校以一流专业建设"双万计划"为指引，推进高等教育内涵发展，着力提升高校人才培养质量。一流专业建设是一流本科教育建设的逻辑推演和政策延伸，其主旨包括以下三个方面：第一，突出育人导向。一流专业建设要坚持以学生为中心的理念，把思想政治教育贯穿人才培养全过程，着力培育健全人格、良好人文素养和强烈社会责任感的人才。第二，注重内涵发展。一流专业建设要围绕专业内涵建设，提升课堂教学效果，实现立德树人的人才培养目标。第三，强调示范作用。通过一流本科专业建设，高效整合资源，全面促进专业建设质量提升。

二、员工关系管理课程的内容结构

围绕共享发展理念和构建高质量和谐劳动关系的现实需要，在一流专业建设理念指导下，基于社会责任型人力资源管理和社会交换理论，员工关系管理课程的内容结构包括以下五个方面。

（一）员工关系的内涵、特征与价值取向

课程应强化学生对社会责任型人力资源管理和利益相关者相关理论和知识的了解，正确认识和谐劳动关系的内涵特征和社会价值。引导学生突破管理者单一视角思考，将员工关系视为利益相关者间构建的合法、合理和有温情底色的社会交换关系。同时，结合社会热点案例，将员工关系置于法律关系和社会伦理关系两个层次来理解，树立共享发展理念，正确认识和谐劳动关系。

（二）员工关系管理与劳动法律法规

员工关系表现为关系主体间的合作、冲突、力量和权力等，在数字经济背景下，"资强劳弱"的格局将进一步放大。党的二十大报告指出："健全劳动法律法规，完善劳动关系协商协调机制，完善劳动者权益保障制度，加强灵活就业和新就业形态劳动者权益保障。"因此，学生应理解员工关系管理与劳动法规的关系，正确认识劳动法规对推动劳动关系和谐稳定的重要作用。另外，理解劳动法规还有助于人力资源管理从"粗放、被动型"向"精细、主动型"转变。为此，学生应培养鉴别、防范和控制人力资源管理各环节法律风险的技能和方法，树立以劳动法规为依据的管理思维。例如，入职阶段应确保用工合法化，在职阶段要了解用工标准防范潜在的法律风险。

（三）企业员工关系管理策略的设计

员工是企业的重要资本。员工关系管理应以"劳动者为中心"，通过一系列组织性和综合性管理措施和手段，营造共享和谐的组织氛围，构建起双向承诺的心理契约。因此，员工关系管理不仅需要劳动法规的硬性治理机制，还要建立企业与员工之间的软性协调机制。然而，当下组织扁平化引发员工关系管理"盲点"，民营企业资方单方获利导致劳动者权益受损，平台组织采用共享用工、灵活用工模式等灵活雇佣模式，以及机器人取代部分用工或岗位等，使得员工与组织的关系变得更加宽松、灵活和脆弱[5]，从而加剧了"劳""资"关系的对立。如何完善软性协调机制，推动民主参与协调、企业社会责任等企业管理策略建设，从而缓和劳动冲突，构建和谐共享劳动关系，构成了本课程理论和案例教学的主体内容。

（四）劳动争议处理的程序与依据

内部利益平衡是员工关系和谐的基点。然而，市场经济中劳动者与用人单位之间的劳动争议有其必然性。为平衡双方利益，既要重视"事前"干预化解劳动纠纷，又要合理运用"事后解决"策略来应对劳动争议。举例来说，为了让学生了解和掌握劳动争议处理的程序，教师应挑选具有代表性的劳动争议案例，通过详细介绍劳动者如何协商、调解，仲裁和诉讼，再到企业如何应诉，让学生了解劳动争议过程，加深对劳动法规的理解、感悟，培养学生运用劳动法规应对劳动争议的专业技能。然而，伴随我国经济结构的转型升级、数字技术和平台经济的快速发展，新劳动形式的就业者数量快速增加，劳动过程和劳动关系变得更加复杂、多元和隐蔽，而当前缺乏专项的法律和成熟的案例供参考，此类劳动争议案件的法律责任难以界定，对和谐劳动关系建立带来巨大挑战。因此，数智化时代借助"众包""共享""零工经济"和"独立承包商"等去劳动关系化引发的劳动权利争议有哪些？如何界定此类劳动争议案件的法律责任？这都需要培养学生的高阶认知能力和辩证思维能力。

（五）深度融入课程思政内容

员工关系管理作为人力资源管理的本科专业课程，应当在教学过程中通过润物细无声的方式引导学生树立正确的社会主义核心价值观，在培育和提高学生综合素质的过程中牢铸理想信念。为此，可通过员工关系管理课程知识点中思政元素的挖掘和融合，进行"无声"植入，达到"传道授业"的双重目标。具体而言，借助热点话题和典型事件，引导学生树立良好的职业道德，培养以人为本、共享发展的理念，同时培养遵纪守法、和谐共赢的管理思维。而思政元素对于转变学生思想，帮助学生树立正确的人生观、价值观和世界观发挥着重要作用。

三、课程建设的目标和路径

（一）主要目标

在一流专业建设理念下，员工关系管理的课程建设和教学实践中要依托所在院校的专业特色和优势资源，从如何构建高质量和谐劳动关系的视角诠释员工关系的基本内涵与知识、相关的劳动法律法规，注重人力资源管理知识与劳动法律法规的交叉融合。在此基础上，进一步培养学生识别、防范和控制人力资源管理各项工作潜在法律风险的专业能力。例如，能够灵活运用《中华人民共和国劳动法》《中华人民共和国劳动合同法》等劳动法律法规，帮助企业完善用人管理制度，合法合规的开展劳动纪律管理、处理裁员与离职、解决劳动争议，以及规避潜在用工风险。与此同时，推进专业课程教学目标与思政育人目标的有机融合，发挥思政育人目标的价值引领功能。让学生在员工关系管理课程的学习过程中，提升坚守职业道德、遵纪守法和合作共赢的个人素养。

（二）实现路径

一是课程内容建设。结合课程性质，按照员工关系管理的内在逻辑设计课程教学内容，具体可划分为四个模块：员工关系管理概述、员工关系建立的风险与对策、员工关系维持的风险与对策，以及员工关系终止的风险与对策。在教学过程中，教师应始终贯彻"以学生为中心"的教学理念，鼓励学生主动学习。为激发学生的学习兴趣，教师要善于挖掘社会热点问题，鼓励学生将理论知识与实践问题紧密结合。例如，在每个模块的教学内容中，将重点知识与社会热点事件结合："60岁中通快递员凌晨猝死"为什么不符合工伤规定？"华为辞职事件"的真正原因是什么？"用人单位未与劳动者协商一致增加工作任务，劳动者是否有权拒绝？"等等。这既丰富了员工关系管理的课程体系，满足人力资源管理专业本科生课程教学的需要，也能不断更新课程内容，激发学生学习的积极性和主动性。

二是课程资源建设。员工关系管理课程兼具理论性和实践性要求，其内容涉及较多的法律条文，应用情境广且复杂，这就需要教师根据教学需要，结合企业实际对所授课程的内容资料进行有效补充和整合。一方面，要结合社会热点问题丰富案例教学资源。案例教学注重学生参与，不仅有利于师生互动教学，还能激发学生进行相互学习，培养他们的辩证思维和解决问题能力。另一方面，要加强人力资源管理专业课程教学资源的共享与协同。例如，对员工招聘、薪酬福利管理与员工关系管理的教学资源进行有机组合，打破人力资源管理专业课程教学独立、割裂的问题，形成教学合力。此外，在课程资源共享的基础上，注重知识点讲授与技能培养的对应，让学生一边学习知识点，一边把知识点融入教学资源并加以应用与深化。

三是授课方式创新。员工关系管理课程讲授不仅要让学生学习专业理论知识，还要让学生懂得如何应用相关知识。与传统课堂上较为抽象的、理论化的知识讲授不同，员工关系管理课程教学中要强调应用导向，每个知识模块的重点内容与技能培养挂钩，强化学生的实践操作能力。例如，在劳动争议教学内容中，通过模拟劳动仲裁过程，启发并引导学生参与。模拟场景可选择一些已审结的劳动争议案例，所选用案例要结合社会热点，反映当前员工关系管理工作中的热点、难点、痛点，引起学生学习兴趣。同时，案例要具有一定的争辩性，难度适宜。学生在模拟仲裁过程中，不仅要以小组方式准备提交仲裁相关材料，还要模拟仲裁庭审理过程。从中，学生既掌握了劳动法规的知识点和劳动仲裁的程序过程，还锻炼了学生的专业技能。此外，教师也可以与企业合作，让学生参与企业调研，深入了解企业员工关系管理的现实性问题，锻炼学生的实践能力。

参考文献

［1］肖潇. 新时代我国社会主要矛盾转化视域下和谐劳动关系的内涵［J］. 思想理论教育导刊，2020（3）：91-96.

［2］谢鹏鑫，屈萌，冯娇娇，等. 新时代我国劳动关系的研究综述与展望：基于劳动关系主体的视角［J］. 中国人力资源开发，2022，39（4）：96-109.

［3］王建华. 关于一流本科专业建设的思考：兼评"双万计划"［J］. 重庆高教研究，2019，7（4）：122-128.

［4］吕景春. 数字经济下共享型和谐劳动关系的建构机理与实现路径［J］. 马克思主义研究，2023（2）：72-82.

［5］赵泽洪，朱亚兰. 组织扁平化趋势中员工关系管理的变化与重构：基于自我领导理论的视角［J］. 江淮论坛，2013（4）：71-75.

工程造价教学中工程实例的运用

伍洋　石江波

（乐山师范学院经济管理学院）

摘要： 工程造价是一门服务于实际工程的专业课程，教会学生如何将所学知识与实际工程联系起来尤为重要。但是在实际教学过程中，许多学生表示这正是学习的难点。本文列举了几个在教学过程中经常运用到的工程实例，之后通过问卷调查方式请学生对教学效果进行评价。验证结果表明，在工程造价教学过程中融入工程实例教学，可以激发学生的学习热情，锻炼学生的自我学习能力，培养学生的工程造价思维，提高学生理论联系实际的能力。

关键词： 工程造价；工程实例教学；教学验证；教学效果

一、引言

工程造价是一门细分专业，学生就业时须具备相应的专业技能。工程造价专业课程任务是帮助学生理解行业的法律法规、文件、规范、标准、定额等，并结合工程图纸计算出工程价格。这些规则规定非常重要，它明确了工程造价涵盖的范围、工程量的计算规则以及工程计价的依据。这些规定具有表述性、概括性和抽象性的特点，以及对同一问题的规定会出现在很多条款中。许多学生都表示对这些条款理解起来有困难，也无法运用到工程价格计算中。在工程造价教学中，教师可以运用一些比较典型的工程造价实例，融入理论知识讲解，激发学生的学习热情与兴趣，提高学习效果，提高学生理论联系实际的能力。教学实践表明，运用实际工程造价案例讲授工程造价相关课程可以取得良好的教学效果。

二、工程造价教学中实例运用的重要性

本专业教研室在 2022 年初对工程造价专业 2016 级毕业生和 2017 级毕业生进行了问卷调研，调研内容主要为对专业课程设置的建议以及用人单位对工程造价专业毕业学生的要求有哪些。通过调研整理筛选后结果

如表 1 所示。

表 1　调研结果

调研内容	编号	调研结果	目的
对课程设置 提出的建议	1	增加实训实践课程	锻炼学生理论联系 实际的能力
	2	分享一些实际工程案例	
	3	适当增加如何与施工单位等 对家单位沟通的内容	培养学生的思维方式， 提高其沟通能力
用人单位对 工程造价应届 毕业生的 要求	1	依据资料编制工程量清单	
	2	编制工程竣工结算	
	3	整理预结算资料	
	4	能够有效与人沟通	

同时也对用人单位进行了调研，主要对象有造价咨询单位、工程建设单位、施工单位以及政府审计人员等，调研内容为对工程造价专业应届毕业学生有何要求。调研结果筛选后如表 2 所示。

表 2　调研结果

调研内容	编号	调研结果
用人单位对工程 造价应届毕业生的要求	1	能准确把握工程技术经济资料（包括图纸）、具备梳理工程资料的基本能力
	2	熟悉与工程造价相关的法律法规、政策性文件，能理解并运用这些文件
	3	眼勤手快，能很好地进行业务沟通与交流，能处理好工作关系
	4	具备良好的工程思维和严谨的工作习惯，具有较强的执行力
	5	不断学习，精进自己，加强新知识、新技术的学习

通过调研发现，无论是工程造价专业培养目标还是用人单位，都对学生的理论联系实际的能力、沟通能力、自我学习能力等提出了要求。简单来说就是要求学生毕业即可胜任工作，提高学生的社会竞争力。如何培养学生这些能力呢？实践证明，在教学过程中融入实际案例，并采用有效的教学方式可以培养学生的这些能力。

三、工程实例在工程造价教学中的运用

实例 1：某外墙面涂料工程办理竣工结算，外墙面涂料做法为：墙面清扫，底漆一遍，满刮腻子两遍，喷涂两遍外墙真石漆，后刷一遍罩面漆。合同规定按实结算工程量，单价按《2020 四川省建设工程工程量清单计价定额》办理工程竣工结算。施工单位提供的竣工结算资料中有录像表明确按设计规定喷涂了 2 遍真石漆，并且施工单位人员指出定额说明里有"定额内规定的喷、涂、刷遍数与设计要求不同时，可按每增加一遍定额项目进行调整"的规定，此工程做了 2 遍真石漆，因此真石漆项目单价需用 AP0314 外墙真石漆定额项乘以 2 定价①，即外墙真石漆项目单价为64.88×2＝129.76（元/平方米）。

此项费用实际处理情况如下：看似施工单位提出的材料和相应报价没有任何问题。但此工程的关键点在于对定额 AP0314（见表 3）真石漆定额组成的理解，通过定额 AP0314 可知外墙真石漆材料耗量为 3.1 kg/m²，因此确定每平方米真石漆耗量即可知道定额是否综合考虑了外墙真石漆涂刷遍数。其次根据施工单位指出的定额说明"定额内规定的喷、涂、刷遍数与设计要求不同时，可按每增加一遍定额项目进行调整"，但是油漆定额章节并没有对外墙真石漆增减遍数的调整定额。之后对当地进行了市场调查，外墙真石漆喷涂单遍耗量根据施工工艺不同约为 1.0～1.5 kg/m²，喷涂工艺属于低耗量，约 1.0 kg/m²，小于定额耗量。因此审定工程中外墙真石漆 2 遍成活单价为 64.88 元/平方米。将以上处理过程对施工单位进行说明，施工单位随即承认，最终按 64.88 元/平方米单价办理了竣工结算，单项审减率 50%。

在实际教学过程中，以此工程为例，可以首先告诉学生这项工程有重大审减，且审减率较高，引起学生的注意和兴趣，课堂气氛马上就活跃起来了，接着马上提问学生，你们觉得审减点在哪里？为什么？发现审减点后如何印证和解决问题？切入点又在哪里？待学生积极讨论后，笔者引入真石漆涂刷遍数，学生立即发现此为工程的切入点；接下来启发学生如何印证和处理问题，翻查定额发现没外墙真石漆增加遍数定额，基本上就能确定审减点了；接着告诉学生还可通过市场调查进一步确定审减点。通过

---

① 课堂上为方便学生理解，不增加材料费调整及其他费用调整，仅以原定额做讲解。

此工程将理论联系到实际中可以：①帮助学生加深对漆类定额组成的理解；②加深学生对定额增减遍数的运用；③增加学生的工程造价经验，培养工程造价思维。教学效果也取得了较好的反馈。

表 3　外墙抹灰面油漆

定额编号				AP0314
项目				外墙抹灰面
				真石漆
综合基价/元				6 487.86
其中	人工费			2 189.49
	材料费			3 767.95
	机械费			35.57
	管理费			151.08
	利润			343.77
	名称	单位	单价/元	数量
材料	真石漆	kg	10.00	310.00
	水性封闭底漆	kg	8.00	26.25
	罩面漆	kg	8.00	26.25
	白水泥	kg	0.50	50.00
	双面胶纸带	m^2	16.60	8.75
	其他材料	元	—	77.70

注：工作内容包括基层清扫、门框粘贴胶带、遮盖门窗口、调制喷涂、压平、清洗等。

实例 2：同样是实例 1 工程，在翻查竣工结算资料时发现有一项签证，内容为："为保护现场门窗，在喷涂真石漆之前，对现场门窗进行了遮挡保护，共计人工费用：8×150＝1 200 元，材料费 300 元。合计 1 500 元。"该签证已经甲方现场管理人员确认并签字，并且附影像资料证实。

此项费用实际处理情况如下：由于合同规定此工程根据《2020 四川省建设工程工程量清单计价定额》计价，根据定额总说明第五点"本定额综合基价是由完成一个规定计量单位的分部分项工程项目或措施项目的工程内容所需的人工费、材料和工程设备费、施工机具使用费、企业管理费、利润组成"，以及第十一点"本定额的'工作内容'指主要施工工序，除另有规定和说明者外，其他工序虽未详列，但定额均已考虑"，根据这两项说明，结合定额 AP0314（表 3）工作内容，发现定额综合基价已包含了门窗框粘贴胶带、遮盖门窗口的费用，此项费用在表 3 中的"其他材料：77.7 元"里。因此项签证属于重复费用，不予计算，将此解释告知施工单位后，进行了扣减。

运用此实际案例时，重点在于引导学生将定额工作内容与定额总说明条款联系起来，理解定额基价的含义。这也是学生普遍反映的难点——如何理解并运用表述性条款？此案例取得了较好的教学效果，比单纯讲解更能让学生轻松牢固地掌握知识，并达到延伸学习的效果。

实例 3：某学校塑胶操场改扩建工程办理竣工结算，检查竣工结算资料时发现竣工结算图纸中某些部位的尺寸比施工设计图纸大，并且没有任何资料对此进行说明，扩大尺寸处也没有设计单位的签章。随即与施工单位沟通，对方表示按实际情况施工并绘制的竣工结算图纸。

实际处理情况如下：笔者了解此情况后立马做了以下工作：①组织学校相应负责人一起到现场进行尺寸确认，发现实际尺寸确实与竣工结算图纸一致；②询问学校管理人员，施工单位施工时扩大尺寸有没有向学校管理人员进行汇报和批示，且有无相应的资料和证据表明，学校管理人员表示没有此事发生也就无任何资料；③询问设计单位人员，施工单位有没有与其进行沟通，设计单位是否出具了相应的设计变更，设计单位也表明没有此事。通过以上询问基本可以确定施工单位随意扩大了施工范围，增加的费用不予给付；同时向学校相关管理人员提出，须对其增加部分的安全性进行鉴定，鉴定费用由施工单位承担，若鉴定结果为不安全则需要整改处理，整改费用由施工单位一并承担。此后将处理过程及扣减费用与施工单位进行了说明，施工单位承认了相应扣减，并承担了相应鉴定费用，最终鉴定结果为安全。

运用此案例教学时，首先引导学生讨论施工单位提供的竣工图纸是否符合要求，为什么？紧接着提问如何处理不符合要求的图纸，从哪些方面着手？最后将实际处理情况向学生进行阐述，通过此例可以帮助学生：①理解施工图纸与竣工图纸的差别；②工作中遇到此类问题时，需采用的沟通方式和技巧，这具有现实意义；③拓展学生的思维，比如此工程中向建设管理单位建议施工单位擅自扩大施工范围需承担的责任。

以上是工程造价教学过程中采用的部分工程实例，都取得了不错的教学效果。

四、教学效果分析

（一）学生对教学效果的评价

笔者在 2022—2023 年度第一学期给 2020 级工程造价专业两个班级授课装饰工程造价，期末的时候对教学效果进行了调研，调研内容为：①对教学过程中融入的工程实例感兴趣吗？②采用工程实例教学是否有效提升了对规范、规则等条款的理解？③采用工程实例教学是否锻炼了自我学习能力和培养了工程造价思维？

通过调研两个班级共 82 人，收到有效问卷 79 分，调研结果如下文。

在图 1 中对教学中的工程实例非常感兴趣以及感兴趣的学生比例为 93.67%；在图 2 中认为采用工程实例非常有效提升和有效提升了对规则条款的理解比例为 97.47%；在图 3 中，94.98% 的学生认为工程实例教学有效锻炼了自我学习能力和培养了工程造价思维。

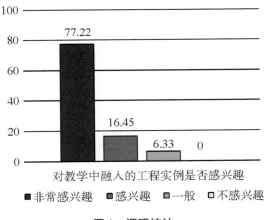

图 1　调研统计

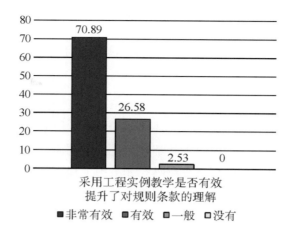

图 2　调研统计

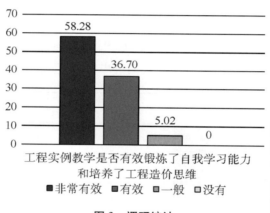

图 3　调研统计

对学生的问卷调研，证实了在工程造价教学中有效运用工程实例能够提高学生的学习热情，锻炼学生理论联系实际的能力，激发学生的学习主动性。

（二）教师对教学效果的评价

笔者在 2022—2023 年第二学期继续给 2020 级工程造价专业两个班级学生授课，授课内容为装饰工程实训。笔者明显发觉学生对规则规范等条款的理解能力、分析能力以及发现问题后的处理能力都有提升，以实训课中的图纸问题为例：实训图纸中有一处轴线标注 A 轴与墙的位置关系，同一位置首层和标准层却有 100 mm 的偏差，如图 4 所示。

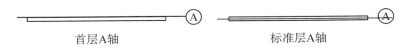

首层A轴　　　　　　　　　　标准层A轴

图4　实训偏差

遇此图纸有矛盾的情况时，大部分同学能分析如果是预算阶段须及时与设计人员沟通确保计算依据的准确性，如果是结算阶段除了及时与施工单位和设计单位沟通外还须现场核实。这证实了同学们分析问题和处理问题的能力。

五、结论

在工程造价教学中采用了工程实例教学后，无论学生评价还是教师反馈，都证实了课堂上学生的积极性更高，课堂氛围也更活跃；遇到实际案例问题学生能主动多角度地思考问题，并能基于教材和相应的资料提出自己的解决办法。工程造价中采用实例教学法提高了同学们理论联系实际的能力，培养了学生的工程造价思维。实例教学法可在工程造价教学中推广。

参考文献

［1］徐志军，原方. 工程实例在建筑力学课程教学中的应用［J］. 力学与实践. 2018（40）：702-703.

［2］中华人民共和国住房和城乡建设部. GB50854-2013房屋建筑与装饰工程工程量计算规范［S］. 北京：中国计划出版社，2013.

［3］四川省建设工程造价管理总站. 四川省建设工程工程量清单计价定额房屋建筑与装饰工程［S］. 成都：四川科学技术出版社，2020.

新文科建设背景下经济学专业
数智化提升转型的探索与实践
——以西南科技大学为例[①]

陈丽娜　郭四代

（西南科技大学经济管理学院）

摘要： 第四次工业革命的大数据和智能化已经引发科技的重大变革，并对经济运行和社会发展带来深刻的影响，也对经济学人才培养提出了新的要求，因此在数智时代背景下，经济学专业人才培养模式必须进行改革，数智化提升转型是经济学专业顺应新文科改革所做的一次重要变革，也是新文科建设的有益尝试。本文以西南科技大学为例，以"交叉融合、数智赋能、多元协同、迭代创新"为理念，提出在学科专业、课程体系、教材建设、教学模式和虚拟仿真等方面构建形成新文科背景下经济学专业数智化提升转型模式。

关键词： 新文科；经济学专业；数智化；提升转型

当前，我国正处在产业转型升级和经济发展动能转换的关键时期，大数据、人工智能等信息技术已经成为经济学问题的重要研究方法和研究范式，更是经济专业人才知识架构和能力培养不可或缺的关键性内容。因此，经济学必须主动作为，为国家经济转型和社会发展提供强有力的人才保障和智力支撑，以此迎接多重战略机遇和挑战交织的新形势和新任务。在这一背景下，以学科化、专业化、精细化为主导的传统经济学教育迎来了严峻挑战和重要机遇。

一、经济学专业的数智化人才培养存在的问题

2020 年 11 月 3 日由教育部新文科建设工作组发布的《新文科建设宣

---

① 本文是四川省 2021—2023 年教改项目"新文科背景下经济学专业数智化升级改造的探索与实践"（项目编号：JG2021-869）、西南科技大学 2017 年教研项目"西方经济学平台课程教学改革与研究"（项目编号：17xn0067）成果。

言》提出"推动原有文科专业改造升级"和"紧跟新一轮科技革命和产业变革新趋势，积极推动人工智能、大数据等现代信息技术与文科专业深入融合"。同年11月16日中国高等教育学会高等财经教育分会副理事长兼秘书长张国才指出，要着力培养迎合数智经济领域的急需人才和加强数智经济学科专业建设。经济学专业人才培养模式、教学理念、课程体系、教学模式等持续优化与创新成为新文科建设中的重要环节和关键因素。

但目前经济学人才培养与新产业发展需求存在三大脱节难症：一是教学内容与新经济产业需求脱节。数字产业发展更新快，目前经济学课程内容严重滞后于数字产业的发展速度，不利于人才培养要求中通识素养、创新能力和方案设计等能力的培养。二是经济学专业数智化提升转型的教学资源匮乏。缺乏优质可共享的数智经济学教学资源，教师难以调动学生的学习热情和提升教学效率，不利于人才培养要求中经济学知识、问题分析和终身学习等能力的培养。三是数智化实践项目数量少。可用于学生实践的数智化实验、实训项目不足，经济学数字化综合应用技能不足，学生岗位适应能力差，不利于人才培养要求的使用现代工具和分析问题等能力的培养。

目前研究教育领域数字化的文献主要集中在企业数智化人才培养（马海彦，2021；曾文瑜，2020；陶晓环，2019；候浩翔，2019）、数字化会计人才培养（方岚，2020；黄晓莉，2019；罗娟，2020），有关经济学"数智化"升级改造的文献寥寥无几。

二、西南科技大学的经济学专业数智化提升转型的基础条件

（一）经济学专业2020年获批为国家级一流本科专业建设点

西南科技大学经济学专业在2008年获批成为四川省特色专业建设点的基础上，2010年获批四川省综合改革建设单位，经过接近10年的建设，2019年获批四川省一流本科专业建设点，2020年获批教育部国家级一流本科专业建设点。其西方经济学和统计学获批为省级一流课程，并积极开设14门网络课程和SPOC课程。

（二）大数据实践基地建设已初见成效

学院拥有能开展数据科学教学的相关实验室达10个，面积达到1 000多平方米，同时上课人数可以达到500人。2016年与京东成都分公司在学院共同建设了"西南科技大学京东电子商务实训室"，先后有1 000多名学

生在此开展实践训练，并在全国大学生电子商务创新大赛中获得佳绩。学院与安客云网络科技有限公司共同建立"大数据商用研究实验室"，重点培养 B 端市场和 G 端市场的研究及产品开发。

（三）跨学科的数据科学课程群全面发力

经济系积极推进数据科学课程群建设，通过案例教学和项目驱动的教学方法，培养文科生的计算思维和科学素养，同时按"两性一度"的标准建设在线开放课程；Python 与商务数据分析已被认定为四川省应用型示范课程；利用中国大学慕课、爱课程等主流在线开放平台，面向全社会开放，拓展数据科学课程群影响力。

三、西南科技大学经济学专业数智化升级改造的总体思路

西南科技大学经济学专业立足新时代，应对新变化，聚焦经济学学科专业特点，结合中国情境下的经济问题，综合运用大数据、人工智能等信息技术，对经济学一流专业的人才进行培养理念、模式、内容及手段方面的升级改造（见图 1）。

西南科技大学经济学专业为适应新技术革命所带来的新经济业态、新生活方式、新运营模式的需要，以"交叉融合、数智赋能，多元协同、迭代创新"为理念，以培育具备复合性知识、创新性能力和综合性素质的卓越经济人才为目标，综合运用大数据、人工智能等信息技术，对经济学专业的人才标准、教学理念、教学模式、课程体系、人才培养模式进行升级改造。其提升思路为：通过优化学科专业结构带动重构课程体系，进而联动教材体系数智化改造，并通过加强教学模式在高水平师资、优质资源环境和质量保障方面的数智化提升，推进教学模式改革，形成经管专业升级改造的整体性系统效应，从而实现经管类专业数智化迭代创新和持续升级（见图 2）。

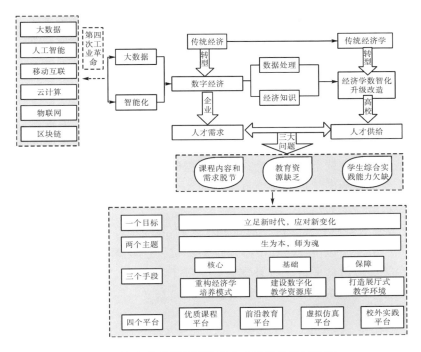

图1 新文科背景下经济学专业数智化升级改造

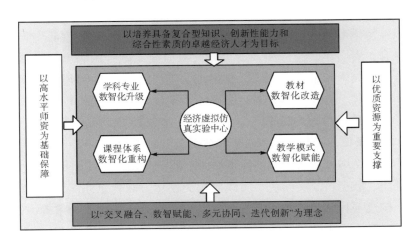

图2 经济学专业数智化提升转型的思路

其主要特征有以下三个内容：

（一）课程体系是核心：升级经济学专业培养模式

在合理、系统、协同的价值导向引领下，根据"问题引导、学科交叉"的原则，推动学科之间交叉融合，优化经济学主业培养方案，通过经济学专业数智化提升转型，建立新的人才培养模式，强化学生的批判性思维与创新意识，引导学生树立数据思维和新经济思维，以满足数字经济时代的社会需求。

（二）教学资源是基础：构建数字化教学资源库

坚持"资源共享，人尽其才，物尽其用，共同发展"的开放办学理念，通过构建"微课群+数智化教材"的数字化教学资源库，夯实经济学教学基础，实现线上线下混合式一流课程建设，建设完成"共建共享"的数字化教学资源库，提升学生自主学习能力，提高教师教学水平，满足新时代需求。

（三）实践项目是保障：打造展厅式教学环境

以经济学虚拟仿真实验中心建设为契机，建设优质课程平台、前沿教育平台、虚拟仿真平台、校外实践四大平台，打造"AI+财务""AI+金融""AI+产业经济""AI+智慧城市"等"新文科"展厅式教学环境，综合提升经济学人才数字经济能力。

四、西南科技大学经济学专业数智化升级改造的具体举措

（一）打破专业壁垒，推动学科专业结构优化

以经济学专业入选国家级一流本科专业建设点为建设契机，推动专业交叉融合，着力建设经济和人工智能大数据交叉融合的新专业或新方向，如融合数智技术的金融科技等；组建跨学院、跨专业的专业建设团队，对专业知识结构、人才培养方案、课程体系设计等进行全面优化升级，促进经济学专业质量内涵式发展。

（二）强化交叉融合，推动课程体系数智化重构

构建深度融合数智技术的经济学课程群（见图3），包括三个模块：基础课模块、数据科学类模块、实践应用类模块。联合京东、四川安客云等企业，构建项目驱动的微课群，设计统一的专业知识与能力培养方面的实训项目，激励学生体验式学习、自主式实践学习和沉浸式学习，加速和强化知识向能力的转变。

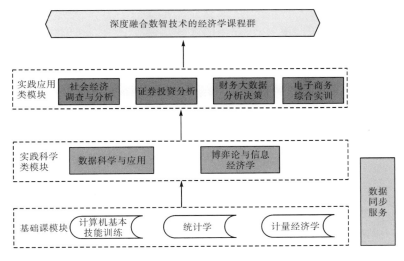

图3　深度融合数智技术的经济学课程群

（三）联动课程建设，推动教材数智化改造

依托于所构建的深度融合数智技术的经济学课程群、项目微课群的课程内容和教学设计，新建配套教材或数智化升级改造原有教材，建设富媒体内容，加入智能辅助学习功能，进行学情智能测评、知识智能推送，有力推动教材对学生的吸引力，强化课程育人功能。

（四）创新教学理念，推动教学模式数智赋能

引导和推动教师创新教学理念，以公共教学平台和工具为突破口，推广以智慧教学工具为媒介的教学模式改革，推动经济学教师及团队投身于MOOC、SPOC的建设与应用，广泛推行线上线下混合式教学模式。坚持"大人才观"，加强人才制度和政策创新，以高水平师资为基础保障，探索创新教师与行业人才双向交流的机制，促进教学模式的改革创新，满足经济学专业数智化升级改造。为达成"以学生为中心"的翻转课堂教学模式，课程资源的建设是改革的重要内容，包括制作学生可以自学的教学课件和视频、实验指导手册、测试题库，以及加强巩固练习题等内容。课前，提前借助"雨课堂"平台推送下次的课件或者视频以及配套的数据文件，学生提前对照课件或者视频学习相应知识，并自行操作练习；课中，通过教学环节中的合理设计，加强师生间的互动和对相关问题的讨论；课后，借助课堂派平台，学生在线提交课程中要求的巩固练习任务，从而监督课上没有完成或者对课程内容没有掌握的同学进一步利用课后时间进行

学习（见图4）。

图4　统计学雨课堂推送内容

（五）探索多元协同，打造经济学虚拟仿真实验中心

以经济学虚拟仿真实验中心建设为契机，建设优质课程、前沿教育、虚拟仿真、校外实践四大平台，展示"AI+财务""AI+金融""AI+产业经济""AI +智慧城市"等"新文科"的创新应用，支撑面向经济领域的人工智能、大数据相关的经济学模块课和项目微课群建设，提供多样开放的交流互动体验，真正做到教学相长。建立经济学虚拟仿真实验室，运用当前最新技术（大数据、云平台、仿真），将经济市场主体机构搬进实验室，提高一专多能的复合型人才的培养能力。

五、西南科技大学经济学专业数智化升级改造的成效

（一）提升创新能力，学生创新创业热情不断高涨

长期的学科交叉融合培养活动促进了学生创新能力的全面提升。经济学专业人才培养方案进行了数智化升级改造，根据新培养方案开课后，每年通过学习深度融合数智技术的经济学课程群的相关课程后，学生普遍反映收获很大，能够学以致用，并利用掌握的数据分析技能参加相关竞赛及社会实践，使学生创新创业热情不断高涨，创新能力显著提升。学生在创新创业大赛、"互联网+"等各类学科竞赛中获得国家及省部级荣誉50余项。同时，深度融合数智技术的经济学课程群的建设，也使学生的科研能

力获得极大的提升。每年学生能够发表论文 40 余篇，40% 以上的学生论文采用了数据科学的研究方法，论文质量大幅提升。学生的考研率逐年提高，毕业率和就业率稳定在 90% 以上。

（二）推动实践基地、创新创业孵化器建设不断提质增效

通过经济学专业数智化升级改造的建设，逐步形成了校内—校外—创新创业孵化器三个层次的创新平台。"西南科技大学京东电子商务实训室"先后有 1 000 多名学生受到京东公司的专业培训，较好地掌握了电子商务数据分析及应用能力，并在全国大学生电子商务的创新大赛中获得了佳绩。与安客云网络科技有限公司共同建立"大数据商用研究实验室"，为学生提供校外实习基地，重点培养 B 端市场和 G 端市场的研究及产品开发。重点建设与利用了四川华迪信息技术有限公司校外实训基地进行数智化升级改造的集中实践，先后派经济学专业 7 批次 400 余名学生前往华迪进行过程序设计、大数据、云计算等相关课程的实训，多人在"成都市软件设计大赛"中获奖。

（三）教师全身心投入课程建设与改革创新，教育教学成果丰硕

经济系教师积极投入课程建设中，通过多年的教学积累与改革创新，形成了丰富的教学资源与教学成果，能够对未来的教学产生良好的借鉴和指导作用，也能够很好地支持深度融合数智技术的经济学课程群的 MOOC 建设。经济系教师申报 20 余项省部级、校级相关教改项目。

（四）可复制、具有较高推广价值的科大经验受到兄弟院校的借鉴与好评

经济学专业数智化升级改造的提出，为新文科人才的培养提出了一条新的培养路径，同时以学生的创新能力培养为目标的教学理念符合高等教育对人才培养的需求。因此，先后有多所兄弟院校，如西南民族大学管理学院、成都理工大学管理科学学院、重庆交通大学经济与管理学院等借鉴本成果的方案进行新文科的建设与试点，均取得了较好的效果。

参考文献

［1］任保平. 人工智能时代经济学专业人才培养体系改革的思考［J］. 中国大学教学，2019（9）：5，35-38.

［2］王维国，徐健，盖印. 经管类专业课程体系数智化升级与教学方

法创新 [J]. 中国大学教学, 2022 (3): 6, 31-36.

　　[3] 乔榛, 吴艳玲. 新文科建设背景下的经济学专业创新发展研究 [J]. 黑龙江教育 (高教研究与评估), 2021 (5): 3, 37-39.

　　[4] 宋雯彦. 应用经济学与人工智能结合的研究生课程设计 [J]. 科技视界, 2020 (27): 2, 18-19.

新财经视域下高校经管类教材的高质量建设研究[①]

冯卫东　李玉斗　李晓嵩

（西南财经大学出版社）

摘要：高校教材建设是高校开展教学活动的基础和前提。随着我国高等教育的不断发展和教学改革的不断推进，传统的高校教材建设与管理模式已不能适应新时期大力培养创新型人才和复合型人才的迫切需求，迫使高校教材的高质量建设也面临巨大的挑战。而当前高校教材建设中存在教材内容的呈现方式较为单一、教材内容更新速度无法与社会实践发展速度匹配、教材品牌建设的意识较为薄弱，以及教材出版的内部流程应用新兴技术较少等问题，这些问题将会直接影响经管类高校教学水平的提升。加强高校教材的高质量建设研究，不仅关系到高校的教学质量，还是深化教学改革，培育创新型人才的关键。本文在对中外高校教材建设与管理模式进行分析和比较的基础上，借鉴国内外优秀成果和先进经验，探索在新财经视域下推进高校经管类教材的高质量建设，为我国新时代经管类教材的高质量建设与发展提供参考和借鉴。

关键词：新财经；教材；高质量建设

继 2018 年教育部提出大力发展新工科、新医科、新农科、新文科（简称"四新"）后，作为高等教育中与社会发展、市场需求结合最紧密的领域，"新财经"也在教育部教育发展研究中心、相关财经高校的努力下呼之欲出。与传统财经教育不同的是，"新财经"教育将新技术融入财经课程，用新理念、新模式、新方法对学生进行综合性跨学科教育。"新财经"是新文理科的分支之一，针对财经院校的经管类专业进行文理交融，探索培养兼具经管技能和职业素养的复合型人才。

① 本文为西南财经大学"中央高校基本科研业务费专项资金"高等财经教育研究项目"新财经视域下高校经管类教材的高质量建设研究"（项目批准号 JKB22FG12）结项成果。项目负责人：冯卫东。项目组成员：李玉斗、李晓嵩、金欣蕾、杨婧颖、李佳、高昕蕤。

在"新财经"建设背景下，高校经管类教材高质量发展必须坚持社会主义办学方向，立足中国特色社会主义经济建设的实践经验，探索中国学术、发展中国理论、传播中国思想，紧密围绕党和国家事业发展对新财经人才的要求，牢牢把握正确政治方向和价值导向，以服务国家发展战略作为新财经教材建设的重要使命。

一、国内外研究现状述评

（一）国外高校经管类教材建设现状

在欧美高校经管类教材市场，大型出版集团如培生、麦克米伦、圣智、威立、麦格劳-希尔占据着80%以上的欧美教材市场份额。这些国外大型出版集团均有自己的在线平台，且提供给教师和学生的资源丰富，如个人学习计划、电子表格工具、学习指南、习题库、案例库、课件、习题解答指南等。其特点是，不是简单地把纸质图书电子化，而是将各类生动、丰富的内容形式运用其中，支持教学和学习的整个流程，提供全套的教学和学习支持系统。此外，国外优秀大学教材编写者通常具有丰富的教学经验和实践经历，所编写的教材内容注重与社会科技、生活广泛而紧密地联系，突出应用性，教材中背景事例丰富，要么在序言中引入案例，要么在某一理论阐述之后附设实例，引导学生掌握解决实际问题的方法，学以致用已然成为教材的灵魂。

（二）国内高校经管类教材建设现状

国内现有的有关高校经管类教材的研究内容分为以下两个方面：一是分析了地方高校的财经教材建设存在的问题，并提出建议。张永杰等（2021）探讨了地方财经院校在"新财经"建设背景下如何进行教材建设，认为地方院校在"新财经"教材高质量发展中应将思政元素融入"新财经"教材，提升教材前沿性和实践性，推进教材质量建设，加强新形态教材建设，强化教材选用管理，实现地方财经院校"新财经"人才培养和教学需要。财政学类教学指导委员会课题组（2016）建议地方财经类院校财政学类专业尽快启动学科基础课"财政学"大纲的编写工作，构建自编教材管理与质量评价跟踪机制，提高自编教材质量；在科学确定课程体系的基础上，进一步规范专业教材体系，建立财政学类专业教材信息库。二是从"课程思政"角度探讨高校财经类教材的发展路径。张艾灵（2021）分析了课程思政呈现在高校财经教材中存在的问题，并提出课程思政是高校财经类教材高质量发展的路径之一。张洪君等（2021）认为，高校财经类教材提升质量要坚持知识性与价值性、学理性与政治性、专业性与职业性、规范性与人本性相统一，并提出高质量发展路径。

通过对国内已有研究进行梳理，我们发现，现有研究存在两个局限性：一是多从理论视角分析了如何完善教材建设，缺乏实证研究结果；二是研究范围多集中于某一区域，如地方高校、某一学校，缺乏从整体上进行的研究。

二、经管类教材的特点

经管类教材的特点与其对应的学科大类息息相关。一般地，经济类专业主要包括经济学、财政学、金融学、国际经济贸易、投资与理财、国际金融、保险等专业。经济类教材以经济学理论的学习为主，强调学生对理论知识的理解与应用。管理类专业主要包括会计学、财务管理、工商管理、管理科学与工程、农业经济管理、公共管理、物流管理、旅游管理等专业。管理类教材特别是财会教材，更加强调学生的实务操作能力的培养，教材内容要具有实践应用指导意义与创新引导作用，与企业的实际应用紧密接轨。所以，经管类教材需要具备紧跟政策实时更新，阐释理论易于理解，适应实务需求创新内容，覆盖计算机语言学习等特点。对于财会类的教材，由于会计准则及其他相关会计管理办法在不断更新，相应地，教材中的会计分录编制也要及时更新，这样才能为学生提供最新知识，让其所学能助益于其未来就业。对于经济学教材，基础理论为学生掌握全学科知识奠定坚实基础，所以教材中的理论能够让学生理解才是重点，为学生未来做宏微观经济分析提供思路。金融学、证券投资学以及会计学等涵盖实操内容较多的学科，其教材内容偏重具体的实践操作，并且要做到让学生理解其背后的理论逻辑。尤其是在互联网蓬勃发展的背景下，伴随着互联网崛起的一些计算机语言开始成为经管类学生的必修内容，教材及课程名称也多以包含"大数据+""+机器学习""+分析"等关键字词的方式呈现。

三、高校经管类教材高质量建设面临的困境与挑战

目前，国内经管类教材知识结构比较固定，内容更新速度跟不上商业环境实践的变化，创新力不足。传统出版社出版的产品主要是纸质书籍，

提供给消费者和读者的产品价值相对单一，市场信息传播范围相对有限，这不利于行业内部的自我反馈和产业升级。教材市场上的经管类教材产品鱼龙混杂，消费者选择时无法快速区分不同教材的特点，导致经管类教材在市场上同质化竞争非常激烈。不同专业覆盖的教材需要有不同的内容倾向，所以内容是教材的核心，基于内容所衍生出来的教材建设问题需要引起我们的关注。

（一）教材内容的呈现方式较为单一

在保证教材内容正确性的基础上，由于教材编写者自身也在消化互联网知识，所以教材内容的覆盖范围与"互联网+"融合的内容尚不成熟；拘泥于传统的教材体例，教材内容的呈现与新兴技术的结合不够充分；教材中的实务操作内容缺乏真实情景感，模拟类教材案例代表性不强、前后关联性不足，让学生难以身临其境，参与感不强。

（二）教材内容更新速度无法与社会实践发展速度匹配

实践证实，教材至少要三年更新一次才可以跟上当前社会发展步伐，内容才能与经济、政治发展实践相匹配。然而就当前实际情况而言，国内高校教材更新速度十分缓慢，并未达到相关要求，部分课程的教材内容多年保持不变，与当前社会发展要求不相匹配，无法客观地展现出当前社会发展情况。在现代化国家建设中，人才培养也出现了显著变化，促使教育体制改革与创新，传统教学方式与当前时期人才培养要求不相符。因此教学方式的改革与创新，建立正确的教学观念，实现学生自主学习，成为国内素质教育改革的主要内容。然而在当前时期，国内教学内容依旧是以理论知识为主，对学生实践能力的培养不够重视，造成教材内容非常枯燥几乎没有创新，不能满足当前人才培养的需求，无法有效促进学生的学习自主性。

（三）教材品牌建设的意识较为薄弱

在内容方面，鉴于经管类课程的特点，传统的理论层次已基本固定，所以内容上无法根据本科院校的人才培养目标做较大改动，教材内容的呈现灵活性不足；在教材编写团队方面，我们发现，在进行本科院校经济管理类教材的编写时有严重的跟风模仿现象，因此教材内容的创新性不足；在出版社经营管理方面，对教材的装帧设计以及多维度营销重视不够，所以无法形成具有品牌代表性的高质量教材。

（四）教材建设权责模糊，保障机制亟待加强

面对新时代高校教材建设的新任务，我国教材体系建设需进一步明确

谁来管、细化管什么、规范怎么管的问题。一是学校作为基层教材管理主体，其权责需进一步明确。当前，国家—地方—学校的分层教材管理体制已经确立，而学校作为基层教材管理主体，其权责却较为模糊，再加上大部分学校教材管理能力有限，导致了教材在学校层面难以很好地落地。二是教材管理现有标准与规定模糊，亟须细化完善。当前，在教材编写环节，编写队伍的建设、编写人员的资质标准等有待进一步完善；在教材修订环节，教材修订的周期、范围等有待进一步明确；在教材选用环节，教材选用的标准设置、监督反馈等有待进一步强化；在教材退出环节，劣质教材的认定和淘汰机制等有待进一步细化。三是亟待规范各项教材保障机制。当前，教材建设体系在实施落地过程中缺乏有效的监督和反馈机制，导致在教材基础研究、教学实践活动中的多源头、多方面的教材问题无法及时识别、提前预警。除此之外，教材评价机制也亟待完善。

四、高校经管类教材高质量建设的实践路径——推进新形态教材建设

在"新财经"建设背景下，新形态教材建设的必要性和重要性日益凸显。由于新形态教材的物理形态会随着教育信息化的发展应用而不断演变，现阶段国内外学者对其概念的界定还未形成统一的认识，但对其特征的概括高度一致，即表现形式丰富、内容更新及时、适应教学变革等。面对新形态教材建设的新形势，各高校、出版企业需要顺势而为、乘势而上，积极探索破解当前教材建设工作困境的有效路径，实现高校教材建设的高质量发展。

（一）全面科学看待新形态教材

国家近年来强调新形态教材的理念，推动出版企业全面进行转型升级。依托日新月异的新兴技术，出版行业的发展模式有了更多的可能性。笔者对市面上以教材为主要产品的大学出版社的教材产品进行了调研分析。目前，各大学出版社大力推动新形态教材的研发与出版，并取得了一些成果，从提供纸质教材向提供内容、资源、技术、服务转型，建立了自己的在线平台。例如，中国人民大学出版社依托"人大数字"和"小鹅通"两个数字平台，实现了"互联网+教育"多维度赋能用户。清华大学出版社以"文泉学堂"在线平台为基础，按照读者使用场景和产品功能的不同又细分了多个子平台："文泉学堂知识库""文泉书局""文泉学堂门户"等。西南财经大学出版社依托"读财天下"数字平台，优选精品教材，努力推进新形态教材建设。此外，高等教育出版社与其爱课程网平台，占据了新形态教材特别是一流线上课程、精品资源共享课程配套教材市场的绝对优势。

前文介绍了新形态教材的呈现形式，但新形态教材的本质是教材，而教材的核心是内容，因此新形态教材建设的重点依然是内容建设。也就是说，教材外在表现形式的多样化只是手段，而丰富全面、生动有趣、更新及时的内容与信息的有效传播才是目的。在 2019 年教育部颁布《普通高等学校教材管理办法》并倡导开发新形态教材后，尽管有教材编写团队对此做了大量有益探索，但绝大多数只是对载体形式进行了创新，如开发活页式教材、工作手册式教材、立体化教材等，而并未根据新形态教材的特征更新、丰富理论知识和拓展实践内容，因为他们认为教材形态的改变就能起到培养学生兴趣、方便教师教学、弥补传统教材枯燥乏味等缺陷、增强学生自主学习能力和实践动手能力的作用。但这样的教材实际上与传统的纸质教材无异，即只对教学内容进行浓缩和再现，或者在传统的纸质教材的基础上对学科知识做无效堆积。笔者认为，新形态教材的设计应当综合考虑学科内容的多角度、教学目标的多维度、培养对象的多层次、表现形式的多样化等方面的因素，充分发挥各种媒介的优势，优化教材内容组织模式、完善教材内容结构、补充教材内容呈现方式、增强教材育人功能，从而为师生打破时间和空间限制共享前沿理论知识、交流彼此心得提供渠道和平台。

（二）整体策划，将教材编写与教学设计相结合

由于新形态教材所涉及的知识内容众多，因此在编写前期，教材编写团队、资源制作团队、出版团队需要进行整体策划，明确纸质教材内容与数字资源之间的关系，即纸质教材内容的高质量是基础，数字资源表现形式的多样化与持续更新是核心。具体来讲，整体策划包括对纸质教材部分和数字资源部分的内容和框架的策划。

1. 纸质教材部分的内容和框架的策划

首先，纸质教材部分是承载权威学科知识的根基，因此教材编写团队在策划内容和框架时，应当明确纸质教材部分的基础性地位，保证内容全面、知识精当、主线清晰、框架合理、结构完整、特色鲜明。要达到这样的效果，深厚的理论知识功底、较高的语言文字水平、丰富的教学实践经验三者必不可少。

其次，教材编写团队应当思考采用何种适宜的方式来呈现纸质教材部分的内容和框架。例如，对于需要实现选择多样化、学习个性化，拟开展项目制、模块化教学的课程，可以提供活页式教材。活页式教材既要求整体内容在编排与组织上体现连贯性、系统性、稳定性，又要求各部分内容在编排与组织上体现灵活性，从而便于在知识更新的基础上对内容进行调整与完善，而不影响纸质教材的框架与结构，进而确保纸质教材部分的内容和框架在较长时间内不发生大的变动。

最后，教材编写团队应当考虑纸质教材与数字资源的结合方式，以确保数字资源的嵌入与纸质教材部分的内容和框架相协调。从这个角度讲，笔者认为教材编写团队应当回答以下问题：第一，数字资源通过何种渠道来呈现，是二维码、网站链接、App，还是其他载体；第二，数字资源如何定位，是作为课堂教学资源，如 PPT、案例分析文本的一部分还是作为课后学习材料的补充；第三，数字资源的存在是否会影响纸质教材部分的内容和框架，如导致结构不合理、知识大量重复出现等。

2. 数字资源部分的内容和框架的策划

丰富多样、新颖有趣的数字资源是新形态教材的重要支撑，教材编写团队在策划内容和框架时，应打破固有思维的限制，按照最新的教育标准、教学大纲和方案、教学需求和设计进行动态更新和持续优化。数字资源的建设不是对扫描后的教学内容文本的简单机械式搬运，而是根据纸质教材部分的内容和框架安排，使用更易于被学生接受的方式，如图片、音频、视频、互动小程序等立体化地呈现和传递教学内容。教材编写团队、资源制作团队、出版团队要在知识服务视角下，结合线上、线下两种教育形式及自学、导学两种教学模式，推动高校教材的融合发展与广泛运用，要充分合理利用国家级、省级精品资源共享课程、在线开放课程等，为纸质教材与数字资源的深度融合建立纽带、搭建桥梁。对数字资源部分的内容和框架的策划，教材编写团队需要注意以下问题：

首先，数字资源的建设不能是对课程相关知识的无效堆砌。教材编写团队应当结合课程教学目标与重点、纸质教材部分的内容和框架，对可以适当拓展的知识划分类别、厘清关系并分别采用适当的呈现载体，如将实践操作、延伸知识等制作成动画视频放在二维码中，使新形态教材成为开阔学生视野、促进学生个性发展、培养学生创新能力和实践能力的重要工具。

其次，数字资源的建设应当重视读者体验。数字资源的有效利用离不开良好的读者体验，资源制作团队、出版团队应设置便捷导航、快速检索、一键跳转等功能，增强内容的兼容性与平台的稳定性，使数字资源能在不同用户终端上被流畅使用。

最后，由于数字资源的建设总体来讲会增加新形态教材的开发成本，因此教材编写团队、资源制作团队、出版团队就需要了解增加的开发成本所制作的数字资源是否能比单纯的纸质教材产生更好的教学效果，从而在权衡利弊的基础上做出效益最大化的决策。

（三）明确教材多元主体责任，强化对新形态高校教材的监管

明确教材多元主体责任，推动形成国家、地方、学校分层管理并协调合作的教材体系管理体制。在国家层面，强调国家管理教材的主导地位，充分发挥国家教材委员会、教材局等组织机构的集中统一的重要作用，通过法规政策等形式为地方、学校提供教材体系建设的准则与目标。在地方层面，要在国家的统一领导下，因地制宜推动本地区教材建设。在学校层面，要在严格贯彻落实国家和地方关于课程教材建设规定的基础之上，鼓励学校立足自身特色和文化，设计、开发、编制和使用校本教材。此外，还要注重国家、地方、学校的协调合作，努力形成齐抓共管和综合包容的协调机制。完善各环节教材管理制度，建立健全教材全流程把关机制，推动形成教材管理制度体系。在教材编审环节，"加快打造一支立场坚定、业务精湛、结构合理、学风优良的高素质专业化教材编审队伍"，同时加强教材重点研究平台建设。在教材审核环节，坚持"凡编必审""凡选必审"，细化审核主体的具体职责，并对各科教材进行全面的、多角度的全方位把关。在教材选用环节，明确教材选用的主体、原则和程序，充分发挥国家、地方、学校多主体合力，选出最适合当地教情和学情的教材。在教材修订和退出环节，规范教材修订和更新的周期、条件、要求等，跟随时代发展要求，不断调整教材教学目标，以适应人才培养的新要求。此外，处理好教材建设各环节的关系，推进教材各环节管理制度的体系化、系统化建设。

在当前和今后一个时期，在高校教材高质量建设进程中，需遵循"立德树人"原则，各方应积极探索多元、多维、高效的立体化、新形态教材建设与出版路径，将"互联网+""5G+""智媒+"思维融入其中，通过不断优化教材内容、改进教材的呈现形式、建设优质数字资源、打造方便

师生互动的在线课程、智慧教学云平台，全方位、系统化推动高校教材的高质量建设与繁荣发展，助力新时代高校人才培养工作。

参考文献

［1］彭青.""新财经""建设：内涵特征与发展路径［J］.重庆工商大学学报（社会科学版），2021（5）：82-87.

［2］张永杰，李建英.地方院校新财经教材高质量发展研究［J］.河北经贸大学学报（综合版），2021（5）：82-87.

［3］财政学类教学指导委员会课题组.关于地方财经类院校财政学类专业教材建设与选用问题分析［J］.中国大学教学，2016（2）：83-88.

［4］张艾灵.课程思政视域下高校财经类教材高质量发展路径研究［J］.课程教育研究，2021（41）：27-31.

［5］郭金录.新文科背景下经管类教材建设的探索与展望［J］.新闻研究导刊，2020（17）：208-210.

［6］张希颖，李清.""新财经""建设内涵初探［J］.环渤海经济瞭望，2020（11）：155-156.

［7］王青林，郭金录，付雅楠.融合出版背景下的经管类教材建设研究［J］.质量与市场，2021，（16）：57-60，63.

［8］李长真，秦昌婉.融合出版视角下高校教材出版的创新发展［J］.出版广角，2019（22）：41-43.

［9］罗时嘉，孙浩.论应用型大学经济管理类教材的策划［J］.出版发行研究，2009（12）：33-35.

［10］岳佳彬，吴翟，朱俊庆，等.大数据背景下高校经管系教材的普适性研究：以江西财经大学为例［J］.市场论坛，2017（11）：92-94.

［11］武恩玉.应用型本科经济管理类教材出版策划与开发［J］.传媒论坛，2018（21）：148-149.

［12］王诗平.国外优秀大学教材建设特点研究［J］.教育教学论坛，2019（46）：239-241.

［13］冯晓丽.兴趣—情境—创新：国外大学教材特点和功能的基本轨迹：以美国高校理工类教材为例［J］.高教探索，2014（2）：93-95.

［14］王青林，施佳欢，阎艳.高校教材建设的演进脉络、时代内涵与提升路径［J］.西部学刊，2021（15）：51-55.

［15］杨文杰. 新时代高职财经类专业教材建设探索 ［J］. 产业与科技论坛, 2020（11）: 264-265.

［16］王洪波. 任务驱动型教学原则在经管类教材编写中的运用 ［J］. 文化产业, 2020（15）: 79-80.

［17］赵云. 高校教材管理的现状与创新举措 ［J］. 创新创业理论研究与实践, 2021（11）: 152-153.

数字经济时代新商科
专业建设的实践与思考[①]

——以四川文理学院财经管理专业群建设为例

傅忠贤　程子彪　杨波　苟聪聪　刘小艺　胡丹

（四川文理学院）

摘要：数字经济的深入发展，对商科专业的发展带来了重大机遇和挑战。四川文理学院立足数字经济时代的新要求，把财经管理专业集群列入学校支持发展的八大学科专业群之一，围绕财经管理专业群建设，在人才培养目标重塑、人才培养方案重构、课程体系重建、课程团队重组、实践育人体系重设等方面进行了初步实践与探索。

关键词：数字经济；新商科；专业建设；专业群

近年来，以大数据、云计算、区块链等为代表的数字技术变革促进了数字经济的深入发展，极大改变了商科专业的外部环境和商科人才的社会需求，新商科建设被推到重要风口。自 2018 年教育部提出"四新"学科（新工科、新农科、新文科、新医科）专业建设以来，在"新文科"大环境下新商科已经成为理论研究层面和实践应用层面的热点和重点问题。"新商科"是对传统商科通过学科重组交叉，将新技术融入商科人才培养方案，用新理念、新模式、新方法为学生提供综合性跨专业的学科教育。四川文理学院为推进建设高水平应用型大学，出台了支持八大学科专业群建设的相关文件和顶层设计方案，财经管理专业群被纳入学校积极支持发展的八大学科专业群。财经管理专业群涵盖人力资源管理、财务管理、物流管理、审计学、商务英语、应用统计学、金融数学 7 个本科专业和会计

---

① 四川省地方普通本科高校第二批应用型示范课程"现代征信学（线下）"支持项目（项目编号：川教函〔2020〕374 号）；2018 年四川文理学院优质课程（企业课程）"现代征信学"支持项目（项目编号：川文理〔2018〕71 号）；2020 年四川文理学院"课程思政"示范课程"现代征信学（线下）"支持项目（项目编号：2020KCSZ011）；四川文理学院一流课程建设"政治经济学"支持项目（项目编号：2020KCB001）。

学 1 个专科专业。在教育教学改革实践中，我们采用"人才培养目标重塑、人才培养方案重构、课程体系重建、课程团队重组、实践育人体系重设"五环并进的操作措施，积极推动了商科专业的改革和发展。

一、坚持人才培养目标重塑：数字经济时代新商科专业建设的指挥棒

《中国互联网发展报告 2021》披露，2020 年我国数字经济规模已达到 39.2 万亿元，占 GDP 的 38.6%，年均增速 11.3%，工业经济时代快速演进到数字经济时代。数字经济推动原有商业模式快速向数字产业化和产业数字化转变，商业模式的变革对企业管理者带来严峻考验，呼唤重塑商科人才培养目标，应用数字经济思维引领新商科人才培养目标已经成为新商科发展的必然走向。

四川文理学院人才培养总目标是"三心四能五复合"，让高度的责任心、持续的进取心、强烈的好奇心伴随学生终身；让良好的表达能力、扎实的实践能力、突出的创新能力、基本的创业能力成为学生成功腾飞的坚强翅膀；让每一个学生终生追求社会担当与健全人格、有职业操守与专业能力、有人文情怀与科学精神、有历史眼光与全球视野、有创新精神与批判思维。财经管理专业群面向市场经济主战场培养人才，我们在实践中提出"信（诚信）济（济世）敏（敏学）能（尚能）"的具体目标，既对接学校目标，又结合财经管理实际情况，突出和彰显财经管理专业特色。"信"是从"德"的角度对财经管理专业人才提出的希望；"济"是从"情"的角度对财经管理专业人才提出的要求；"敏"是从"智"的角度对财经管理专业人才的期盼；"能"是从"行"的角度对财经管理专业人才发出的呼唤。"诚信"与"社会担当与健全人格、职业操守与专业能力"的总体要求一致，"济世"能体现出"人文情怀与科学精神、历史眼光与全球视野、创新精神与批判思维"兼备的宗旨精神，"高度的责任心、持续的进取心、强烈的好奇心"是实现"敏学"的前提和基础，"较强的表达能力、实践能力、创新能力与创业能力"是"尚能"最重要、最核心的内容和组成部分。新技术嵌入、数字经济思维引领、文科理科融合、打通大经管平台、着力培养应用型复合型创新性人才是我们重塑人才培养方案的基本思维逻辑。

二、坚持人才培养方案重构：数字经济时代新商科专业建设的施工图

人才培养方案是落实人才培养目标的顶层设计和战略规划，是新商科专业建设的施工图。四川文理学院的总体目标是建设高水平应用型大学，财经管理专业群涵盖管理学、经济学两大学科，涉及人力资源管理、财务管理、物流管理、审计学、应用统计学、商务英语、金融数学、大数据与会计等多个本专科专业，归属财经管理学院、数学学院、外国语学院等多个二级学院。财经管理专业群都属于应用型专业，如何将"信济敏能"的人才培养目标对接学校"三心四能五复合"人才培养目标，如何将数字经济时代大数据、互联网、云计算、人工智能等新技术、新方法、新思维、新手段跨界融入传统商科专业建设之中，如何将专业知识传承、综合素质培养和实践创新能力训练有机结合起来，都要通过具体的人才培养方案来体现、实施和贯彻。重构人才培养方案已经成为推动数字经济时代新商科专业建设的紧迫课题。

在财经管理专业群建设中，编制 2020 版人才培养方案坚持五大原则，重构新商科人才培养方案。一是坚持跨界交叉融合原则。注重经济学、管理学、计算机科学、数据科学、思维科学等多学科知识融合，注重文科、理科知识融合，注重数字经济新学科知识与传统商科知识融合，注重新技术、新方法、新工具、新手段的融合。二是坚持知识、素质、能力三位一体原则。将知识区分为人文社会科学知识、学科工具性知识、基础专业知识三个维度；将素质区分为人文科学素质、专业素质、身心素质三个维度；将能力区分为持续学习能力、灵活运用能力、创新思维能力、团队合作能力四个维度。三是坚持理论与实践相结合原则。处理好理论学习与实践训练之间的辩证关系，理论教学占总学时的 70%~75%，实践实训占总学时的 25%~30%；实践实训采用独立开设实践性课程、理论课教学中设置实践性环节、举办第二第三课堂独立实践实训活动三种形式，构建四年递进式实践教学体系。四是坚持四化同步原则。注重特色化，充分体现四川工业"5+1"、农业"10+3"、服务业"4+6"现代产业体系和达州市"3+3+N"重点产业发展规划以及四川周边省市重点行业对财经类专业人才的岗位需求；注重实践化，通过案例、沙盘、模拟、实训、实习加强实践训练，突出真实情景的模拟仿真；注重互动化，加强政产学研用融合互动，加强校企、校地、校校合作互动，加强与实践教育基地合作互动；注重集成化，整合校内外资源，打通大经管沟通链接的平台，提高教育资源利用效率。五是坚持重点推进和整体优化并进的原则。做强财务管理专业和金融数学专业、做优物流管理专业和商务英语专业、做精审计学专业和人力资源管理、做亮应用统计学专业和大数据会计专业。在 2021 年增设大数据会计（专科）专业的基础上，2022 年积极申报数字经济本科专业（授予经济学学士学位），进一步完善专业设置。

三、坚持课程体系重建：数字经济时代新商科专业建设的突破口

课程体系是推动专业建设、实现人才培养目标的重要载体。课程体系重建是新商科专业建设的现实需要。数字经济背景对新商科人才的知识结构、综合能力、创新精神、综合素养提出了更高的要求。传统商科教育专业众多，各专业课程设置口径不一，缺乏系统性；商科专业分属不同的二级学院，课程设置的侧重点各不相同，课程资源缺乏整合性；这种状况既影响学生专业知识架构的合理衔接，也影响专业群建设整体效能的有效提升。为满足新技术新商业对创新型、复合型人才的需求，必须重建新商科专业课程体系。

在财经管理专业群建设中，我们在重建课程体系方面做了以下思考和尝试：一是实行"平台+模块"的课程体系建构模式。按"公共共享平台课程+专业模块课程"构建课程体系，将课程设置为通识核心课程、专业基础课程、专业核心课程、应用实践课程、复合培养课程五个模块；按照"公共基础平台课程+学科基础平台课程+专业基础平台课程"建设公共平台课程，将数学类课程、新技术类课程、通识核心课程、专业基础课程按照公共平台课程进行建设。"平台+模块"的课程体系建构模式可有效避免专业建设中各自为政导致的教学资源分割，实现专业群内课程资源共享共用。二是重视数学类课程和新技术类课程。数学被誉为数字经济人才的"芯片"，新技术是数字经济人才的"敲门砖"。我们开设了高等数学（上下）、线性代数、概率论与数理统计、统计学、大学计算机基础、EXCEL应用、现代信息查询与利用、Python 语言等课程。三是遵循产教融合理念，将"学、赛、训、创"深度嵌入课程体系。产教融合是检验学生是否适应新的商业环境的有效方法。在"学"的环节，将理论课程按总学时 25%～30% 设置为实践教学环节，同时单独开设实践课程，例如财务管理专业、审计学专业开设 EXCEL 运用、ERP 企业经营沙盘模拟实训、财务决策实训、审计模拟实训、证券投资模拟实训、财务会计实训课程，人力资源管理和物流管理专业开设人力资源管理沙盘模拟实训、企业经营沙盘模拟实训、ERP 沙盘模拟实训、供应链管理模拟实训、spss 统计分析与运

用、物流方案设计与操作、物流营销与调查分析等课程；在"赛"的环节，按照"一专业一赛事"思路构建专业技能大赛体系；在"训"的环节，把校内专业实训和校外实践教学基地实训结合起来；在"创"的环节，植入科学思维与方法、创业创业计划与训练等课程，鼓励全员、全程参与"互联网+"创新创业大赛和创新计划训练项目，逐步形成"能力导向+分类培养"的创新创业课程体系。

四、坚持课程团队重组：数字经济时代新商科专业建设的关键点

如果说课程建设是专业建设的重要依托，那么课程团队建设就是推动专业建设的重要抓手和有效切入点。以课程为依托、以课程教学为纽带、以课程建设和课程改革发展为目标重组课程教学团队，既是高校教学团队建设的创新性发展，也是数字经济时代新商科专业建设的必然要求。课程教学团队相对于传统的专业教学团队的最大优势在于能够有效突破专业限制、打破专业边界、突破资源边界，打破商科知识壁垒，促进跨专业、跨院系、跨学校、跨部门的整合与交融，更有利于团队成员交流合作与成长，更契合培养复合型人才对教学团队的现实需求。

财经管理专业群建设注重从三个方面推进课程团队重组：一是整合资源，构建跨专业、跨行业、跨部门的课程教学团队，有效弥补教学资源的不足。例如组建专业基础平台课程"现代征信学"课程团队，我们把物流管理专业、人力资源管理专业、财务管理专业、审计学专业的相关教师整合进课程团队，同时依托与达州市金融系统合作创建的"诚信文化教育基地"平台，聘请实践经验丰富、专业基础扎实、行业工作能力突出的金融系统业务骨干作为兼职教师，整合进课程团队，初步建立了一支银校合作、专兼结合、数量充足、结构合理、素质优良的课程团队。二是以"课程思政"和"一流课程"建设为抓手培育课程团队。以学科带头人、专业带头人、高学历高职称教师、优秀教学科研骨干教师为龙头，以申报立项建设"课程思政"和"一流课程"项目为契机，组建课程团队。2020年、2021年共立项12项课程建设（见表1）。三是立足教学改革，依托教学质量工程项目推动课程团队建设。教学改革对转变教学观念、改进教学方法、提高教学质量、推动课程建设具有重要推动作用。依托教学质量工程项目促进教学改革，既能推动教师队伍快速成长，也能为课程团队建设奠定坚实的基础。财经管理专业群建设中，2020—2021年，教学课改、教学质量工程项目建设取得了明显进展，共立项 11 个项目（见表 2）。四是依托课程竞赛促进课程团队成长。通过高职称教师的"示范课"、骨干教师的"观摩课"、青年教师的"优质课"，课程团队成员之间"传""帮""带"的作用得到彰显，也推动了课程团队成员之间的交流合作与共同提高。近年来，财经管理专业群建设中大批中青年教师脱颖而出，有效支撑和壮大了课程团队建设（见表 3）。

表 1　2020—2021 年度"课程思政"与"一流课程"示范课程团队项目

序号	负责人	项目名称	项目性质	项目级别
1	傅忠贤	现代征信学	专业教育类线下思政课程	省级
2	冉燕丽	政府审计	专业教育类线下思政课程	校级
3	张越楠	西方经济学	专业教育类线下思政课程	校级
4	傅忠贤	政治经济学	线下一流课程	校级
5	程子彪	管理学原理	线上线下混合式一流课程	校级
6	刘小艺	统计学	线上线下混合式一流课程	校级
7	王娟	财务管理	线上线下混合式一流课程	校级
8	王情香	物流学	线上线下混合式一流课程	校级
9	苟聪聪	内部审计	线上线下混合式一流课程	校级
10	李爱民	成本与管理会计	线下一流课程	校级
11	陈入嘉	基础会计	线下一流课程	校级
12	王　娟	ERP 企业经营沙盘模拟	社会实践一流课程	省级

表 2　2020—2022 年校级质量工程项目

序号	负责人	项目名称	项目性质	项目级别
1	傅忠贤	财经管理专业群实践教育基地建设管理与运行机制研究	教育教学研究与改革项目	校级
2	程子彪	双一流建设背景下的高校教育管理人才队伍建设研究	教育教学研究与改革项目	校级
3	刘小艺	"互联网+"时代高校教师教学困境与突破策略研究	教育教学研究与改革项目	校级
4	李爱民	应用型高校云财务的实践教学	教育教学研究与改革项目	校级

序号	负责人	项目名称	项目性质	项目级别
5	杨波	应用型本科高校资源优化配置视角下的实验室管理模式研究——以四川文理学院为例	教育教学研究与改革项目	校级
6	李健	"课程思政"融入工商管理类本科专业课程的教学改革探索与实践	教育教学研究与改革项目	校级
7	周娅纳	案例式、启发式、探究式等教学方法的探索与实践——以《金融学》为试点	教育教学研究与改革项目	校级
8	王娟	校企合作模式下财务管理专业实践课程体系的构建	教育教学研究与改革项目	校级
9	李海燕	应用型本科院校物流管理示范专业建设研究——以四川文理学院为例	教育教学研究与改革项目	校级
10	王情香	高校物流管理专业"金课"建设研究——以混合式教学为例	教育教学研究与改革项目	校级
11	苟聪聪	以立德树人为核心的"课程思政"在财经类人才培养中的研究与探索——以四川文理学院财经类专业为例	教育教学研究与改革项目	校级

表3 青年教师优质课竞赛获奖统计

序号	项目	获奖级别	获奖人
1	第四届青年优质课竞赛（2016年）	一等奖	程子彪
2		三等奖	李 健
3	第五届青年优质课竞赛（2017年）	一等奖	刘小艺
4		二等奖	张 源
5	第六届青年优质课竞赛（2018年）	一等奖	苟聪聪
6		三等奖	张越楠
7	第七届青年优质课竞赛（2019年）	二等奖	陈入嘉
8		优秀奖	王 君
9	第八届青年优质课竞赛（2020年）	三等奖	孙洪运
10		优秀奖	郑姣姣

序号	项目	获奖级别	获奖人
11	第九届青年优质课竞赛（2021年）	二等奖	胡丹
12		优秀奖	李亚男
13	第十届青年优质课竞赛（2022年）	一等奖	郑姣姣
14		一等奖	刘会

五、坚持实践育人体系重设：数字经济时代新商科专业建设的压舱石

数字经济时代新文科引领的新商科专业发展是专业发展的转型升级，需要对接产业、业太、模式变革以及国家、行业、社会需求，需要产学研一体化，需要大力提升学生的综合素质和实践能力，需要把学生培养成创新型、复合型专业人才。财经管理专业群建设必须把重设实践育人体系提升到战略高度。

财经管理专业群建设中重设实践育人体系时重点关注了几个关键环节：一是注重"融合思维""创新思维""数字经济思维"的引领和统帅。把"融合思维""创新思维""数字经济思维"贯穿到人才培养目标、人才培养方案、课程体系建设、课程团队建设、实践育人体系建设各方面、全过程，使"知识融合、能力融合、技术融合、资源融合、教研融合"成为实践育人体系的显著特色。二是构建"四位一体"实践育人体系：实践性课程（包括理论课程的实践性环节和独立开设的实践性课程）是实践育人的基础，培养学生基本实践能力；专业见习实习（依托实践教育基地）是实践育人的关键，培养学生专业实践能力；专业技能大赛（依托专业技能大赛平台）是实践育人的载体，提升学生专业实践能力的水平和层次；毕业实习和毕业论文（设计）是实践育人的重点，培养学生综合实践能力。三是打造"四支团队"，构建实践育人保障体系。着力培育和塑造双师型教学团队、创新型研究团队、双带头型管理团队、协同型实践指导团队。四是推动校内实训实验室向情景化、仿真化方向发展。现初步建立ERP沙盘模拟实训室、模拟银行实训室、物流仿真实训室、手工会计实训室、财务决策实训室、人力资源仿真实训室、会计信息系统实训室、智慧财务实训室、审计虚拟仿真实训室，实训室占地500平方米，设施设备总值1 300余万元。

新商科专业建设任重道远，我们的实践和探索刚刚取得了初步经验，我们的改革与发展始终在路上，我们坚信财经管理专业群建设的明天会更加美好。

参考文献

［1］何桂立.中国互联网发展报告 2021［N］.通信信息报，2021-07-14（1）.

［2］李训，林川，董竞飞.数字经济背景下新商科专业建设的思考与实践：以四川外国语大学国际商学院为例［J］.高校学刊，2021（10）：86-89.

［3］马丽莹，李兆华，俞慕寒，等.新文科建设背景下商科教育改革的路径研究［J］.现代审计与会计，2020（12）：11-13.

［4］董浩平.新商科教育如何吸取实践营养［N］.中国教育报，2022-01-20（5）.

［5］张燕妮，姜启波，杨琴.创新实验教学体系推动"新商科"建设［N］.中国教育报，2021-05-24（6）.

基于三全育人的物流技术与设备课程思政元素挖掘与融入

李晟东　施莉　王嘉宁　陈粘

（成都信息工程大学物流学院）

摘要： 本文研究了三全育人的理念在高校课程思政中的应用，以物流技术与设备课程为例，探索了基于三全育人理念的课程元素挖掘和融入策略。首先，本文介绍了三全育人的概念以及其在高校课程思政中的应用。其次，本文分析了物流技术与设备课程教学的现状和存在的问题。再次，本文基于三全育人的理念，对物流技术与设备课程思政的元素进行了挖掘，并提出了课程内容设计、教学方法创新、教学主线的主张和评价方式改进等方面的融入策略。最后，本文通过案例分析和实践效果评估，验证了基于三全育人的物流技术与设备课程思政的有效性。本文的研究结论为高校课程思政的教学提供了一定的参考价值，同时也为教师提供了可借鉴的课程思政教学思路和策略。

关键词： 课程思政；物流技术与设备；思政元素；三全育人

一、引言

随着中国经济的快速发展和全球化趋势的加速，物流行业在中国的地位和作用越来越凸显。然而，随着物流技术不断更新和发展，传统的物流业已经无法满足市场需求，需要更高素质的人才来推动物流业的创新和发展。思政课程作为高校思想政治教育的主渠道，具有极其重要的意义。因此，如何将思政课程与专业课程有机融合，提高学生综合素质，已成为当前高校教育改革的热点问题。

从课程思政建设的必要性及价值进行了相关论述；周亦文从实现课程思政的路径与模式出发，对课程思政协同育人机制做了专题研究；何红娟则从课程思政内在逻辑、构建策略展开探讨；韩宪洲提出"挖掘、融入、教育者先受教育"方法论，指出深入挖掘课程所蕴含的思想政治元素是教师开展课程思政的重要基础，思想政治元素有机融入课程教学各环节是教师开展课程思政的核心要求。陈绍炯等以国际物流课程为例，从政治认同、家国情怀、文化素养、宪法法治意识、道德修养五个维度深入挖掘课程所蕴含的思政元素并有效融入课程教学。李勇威从高校层面、学科层面、导师层面和课程层面四个层面探索加强新时代高校研究生课程思政建设的现实路径。马捷等构建了"思创融合，协同育人"课程思政建设模式，并以档案学为例，介绍该模式指导下的课程思政教学实践经验及成果。

在此基础上，本文以物流技术与设备课程为例，探讨如何挖掘和融入三全育人的思政课程元素，旨在通过将思政元素融入物流技术与设备课程中，提高学生的综合素质，培养具备创新精神、实践能力和责任感的高素质人才。同时，本文还将深入分析三全育人理念，并提出相应的教学方法和策略，以期为高校思政课程和物流技术与设备课程的教学提供参考和借鉴。

二、三全育人的概念及其在高校课程思政中的应用

（一）三全育人的概念

"三全育人"是指全面育人、全过程育人、全人格育人，是新时代高等教育的育人理念。全面育人要求发展学生的智力、体力、美感、情感、意志和品德等多方面素质；全过程育人强调高校在学生招生到毕业的全过程中对学生进行教育和引导；全人格育人注重学生综合素质的全面提升，包括道德、智力、体魄、美育、劳动教育和创新能力等多方面。三全育人不仅是高等教育教学改革的必然趋势，也是适应新时代人才培养需要的重要举措。

（二）三全育人在高校课程思政中的应用

在高校课程思政中，"三全育人"的理念是至关重要的，它不仅有助于提高学生的综合素质和创新能力，还有助于建立具有中国特色和世界一流水平的高等教育体系。具体而言，这一理念的应用体现在以下三个方面：

首先，全面引导学生。高校课程思政应注重全面引导学生，采用全面的、系统的、科学的思想体系引领学生形成正确的人生观、价值观和世界观。这需要教师将教材内容和思政元素有机结合，注重培养学生的思维能

力和创新意识。

其次，全过程育人。高校思政课程应该实现全过程育人，不仅要注重课堂教学，还要注重思政课程的全过程管理。在招生、培养和评价等环节中，党校应该以思政课程为中心。

最后，全人格育人。高校思政课程应该注重全人格育人，不仅要注重学生的知识学习，还要注重学生的品德修养、身心健康等多方面素质的培养。在教学过程中，教师可以通过课堂讨论、小组讨论、阅读材料等方式，培养学生的创新能力、批判思维和社会责任感。

（三）物流技术与设备课程教学现状及存在问题

物流技术与设备课程旨在介绍与物流行业相关的技术和设备，包括仓储设备、运输设备、信息技术等。随着物流业的迅速发展，物流技术与设备已成为现代物流的重要组成部分。因此，各大高校也纷纷设立相关课程。然而，实际教学中仍存在一些问题：

首先，传统的物流技术与设备课程教学偏重于理论知识的传授，而忽略了实践环节的重要性，导致学生在实际应用时存在困难，难以将理论知识与实际操作相结合，影响了学习效果。

其次，一些学校的物流技术与设备课程内容更新较慢，未能及时反映行业发展的最新趋势和技术变革，无法满足学生的需求。这会导致学生学习的知识滞后于行业发展，从而在就业市场上缺乏竞争力。

最后，物流技术与设备课程教学过程中缺乏思政元素的引导，只注重知识和技能的传授，忽略了学生思想道德教育和人文素质教育的重要性。缺乏思政元素的引导会导致学生在课程中只是机械地学习技术和操作，而忽略了其背后的意义和社会责任，不利于学生的综合素质的提升。

三、基于三全育人的物流技术与设备课程思政元素挖掘

物流技术与设备是物流专业核心课程之一，旨在培养学生掌握物流技术和设备的基本知识和实际应用能力，为将来从事物流行业工作打下基础。物流技术与设备的课程目标与"三全育人"的要求有着密切的联系。具体来说，该课程的目标不仅包括掌握物流技术和设备的基本知识和应用能力，还包括了解物流行业发展趋势和国内外物流市场现状，具备物流方案设计和运作管理能力，以及团队合作精神和沟通协调能力，掌握物流安全和环境保护的基本知识和操作规范，以及具备创新意识和实践能力，能够在实践中解决物流问题。

为进一步加强对学生思想道德素质、法律意识、安全意识、国家意识和社会责任感等的培养，教师可以在物流技术与设备课程中融入思政元素，例如引入伦理道德、法律法规、安全教育、国家意识和社会责任感等元素。这样的做法将更好地实现"三全育人"的目标，使学生能够全面发展。

（1）引入伦理道德教育。由于物流行业是一个服务性行业，学生需要具备良好的职业道德观和伦理意识。在物流技术与设备课程中，教师可以引入伦理道德教育，培养学生的职业道德观和社会责任感。例如，教师要求学生在物流运营中遵守道德准则，尊重消费者权益，保护环境等。

（2）强化法律法规教育。在物流技术与设备课程中加强法律法规教育，是培养学生法律意识和合法经营观念的必要手段。例如，教师要求学生在物流业务中遵守国家法律法规。

（3）加强安全教育。由于物流行业具有较强的危险性和风险性，学生需要了解安全生产常识和安全操作规范。在物流技术与设备课程中，教师可以加强对学生的安全教育，引导学生了解安全生产的基本要求和操作规范，提高学生的安全技能。

（4）增强学生的国家意识和社会责任。物流行业是国家经济的重要支柱产业，学生需要具备爱国主义情怀和强烈的国家意识。同时，学生还需要具备社会责任感，为社会贡献力量。在物流技术与设备课程中，教师可以通过案例和实践活动等，培养学生的国家意识和社会责任感。

（5）增强学生的创新意识和实践能力。在物流技术与设备课程中，教师可以引入对学生创新思维和实践能力的培养，激发学生的创新意识和创新能力。例如，教师可以通过设计物流系统等实践活动，培养学生的实践能力和团队合作精神。

四、基于三全育人的物流技术与设备课程思政元素融入策略

（一）课程内容的设计

智能物流技术是当前物流行业重要的发展方向，因此物流技术与设备课程需要融入思政元素，介绍智能物流技术的发展与应用，探讨智能物流系统的构成和工作原理，分析其在提高效率和降低成本方面的作用。

物流行业对员工的道德要求越来越高，因此课程需要融入思政元素，介绍物流行业的职业道德和行为准则，探讨道德和行为规范在物流行业中的作用。

综合素质是从业人员在物流行业中获得成功的重要保证，因此课程需要融入思政元素，探讨综合素质的概念和构成要素，介绍如何通过学科交叉融合和产学研结合等手段提高学生的综合素质。

（二）教学方法的创新

（1）探究式学习。这种基于问题和任务的学习方法，鼓励学生主动探索和自主学习。在物流专业的思政教育课程中，教师可以设计一些探究式学习的任务和问题，例如研究智能物流技术和物流行业的职业道德和行为规范，帮助学生了解行业的要求和标准。

（2）课堂互动。这种基于师生互动的教学方法，强调学生和教师的合作与共同参与。在物流专业的思政教育课程中，教师可以采用小组讨论、角色扮演、案例研究等方式，让学生探讨智能物流技术的应用、职业道德和行为规范等，促进学生之间的思想交流和相互学习。

（3）实践教学。这种基于实践操作和体验的教学方法，强调学生通过实践活动来掌握知识和技能。在物流专业的思政教育课程中，教师可以设计实践教学活动，例如参观物流企业、模拟物流操作和物流系统设计等，帮助学生亲身体验行业的工作特点和要求，提高学生的实践能力和职业素养。

（4）融合教学。这种基于学科交叉和产学研结合的教学方法，强调不同学科之间的联系和整合。在物流专业的思政教育课程中，教师可以设计融合教学的活动，例如与物流管理、经济学等学科的知识进行交叉融合，让学生了解物流行业的综合性和复杂性，提高学生的综合素质和创新能力。

（三）教学手段的丰富

（1）讲座。讲座是一种传统的教学手段。学校可以邀请相关领域的专家或学者来讲解智能物流技术、物流行业的职业道德和行为规范等，引导学生深入了解物流行业的要求和标准。

（2）视频教学。视频教学是一种现代化的教学手段。教师可以借助电子媒体来展示物流企业的运营模式、智能物流设备的应用和物流从业人员的职业道德和行为规范等内容，让学生通过视听体验来了解物流行业的特点和要求。

（3）小组讨论。小组讨论是一种互动性强的教学手段。教师可以让学生参与讨论物流行业的发展趋势、智能物流技术的应用前景和物流从业人员的职业责任等问题，促进学生的思想交流和相互学习，提高学生的综合素质和创新能力。

（4）实践操作。实践操作是一种实践性强的教学手段。教师可以让学生通过模拟物流操作、物流系统设计等活动，亲身体验物流行业的工作流程和特点，培养学生的实践能力和职业素养，提高学生的综合素质和竞争力。

（5）学科竞赛。学科竞赛是一种激励性强的教学手段。教师可以组织学生参加物流技能大赛、物流创新设计竞赛等，提高学生的学科能力和综合素质，促进学生的成长和发展。

（四）评价方式的改进

（1）多元化评价方式。传统的考试评价方式无法全面评估学生的思想品德和实践能力，因此需要使用多元化的评价方式，如小组讨论、案例分析等，这些方法的结合使用有利于教师评估学生的综合素质。

（2）全程评价。课程评价不应仅限于期末考试或某些特定环节，而应该贯穿于整个课程。教师可以通过设置多个评价环节来实施全程评价。教师可根据课堂表现、平时作业、小组讨论、课程设计等对学生进行全面综合评估。

（3）个性化评价。教师可根据不同学生的优势和劣势，采用不同的评价方式进行评估。

（4）学生互评。在课程评价中，不应只由教师进行评价，而应该让学生进行相互评价。学生互评的方式，可以让学生从不同角度认识到自己的不足之处，进而激发他们的自我意识和自我提高能力。

联合评价：考虑到物流技术与设备是一门应用型课程，因此需要联合评价。一种有效的方式是邀请相关企业和行业专家参与评价，以全面评估学生的实践能力。

五、案例分析及实践效果评估

笔者以物流技术与设备课程的教学实践为例，将三全育人理念贯穿于课程设计和教学实践中，以培养全面发展的高素质人才为目标。

笔者通过采用基于三全育人的物流技术与设备思政课程元素融入策

略，成功地将思政课程元素融入物流技术与设备课程的教学中，并取得了显著的教学效果。学生不仅掌握了物流技术与设备的知识，也认识到了物流技术与设备对社会、经济、环保等方面的重要性，进一步增强了他们的社会责任感和使命感。同时，学生还提高了创新能力和团队合作能力，为今后的职业发展奠定了坚实的基础。

六、结论与展望

本文通过对基于三全育人的物流技术与设备思政课程元素的挖掘和融入策略的分析，得出以下结论：在课程中应贯穿思政教育，将国家战略、社会发展和道德规范等元素融入教学。三全育人理念能提高学生综合素质。教师在课程设计中应充分考虑融入三全育人理念，并采取相应的教学手段和评价方式。创新教学方法和手段能激发学生的学习兴趣和积极性，案例分析和实践教学能帮助学生将理论知识应用到实际中，提高实际操作能力。

未来，在物流技术与设备思政课程的教学中，教师应进一步深入挖掘思政教育元素，并与物流技术与设备的实际应用紧密结合，创新教学方法和手段，开展案例分析和实践教学，不断提高学生的综合素质和实际操作能力，为培养高素质的物流专业人才做出贡献。

参考文献

［1］高德毅，宗爱东. 从思政课程到课程思政：从战略高度构建高校思想政治教育课程体系［J］. 中国高等教育，2017（1）：43-46.

［2］邱伟光. 课程思政的价值意蕴与生成路径［J］. 思想理论教育，2017（7）：10-14.

［3］周亦文. 课程思政理念下高职院校各类课程协同育人机制研究［J］. 卫生职业教育，2018，36（22）：15-17.

［4］何红娟. "思政课程"到"课程思政"发展的内在逻辑及建构策略［J］. 思想政治教育研究，2017，33（5）：60-64.

［5］韩宪洲. 课程思政方法论探析：以北京联合大学为例［J］. 北京联合大学学报（人文社会科学版），2020，18（2）：1-6.

［6］陈绍炯，李淑娟. 基于三全育人的课程思政元素挖掘与融入：以"国际物流"课程为例［J］. 物流技术，2022，41（1）：134-137.

［7］李勇威. 价值、问题与路径: 新时代高校研究生课程思政建设论析［J］. 北京科技大学学报（社会科学版），2022，38（1）：87-93.

［8］马捷，赵天缘，田园，等. 思创融合，协同育人: 吉林大学图情档学科课程思政建设模式与实践探索［J］. 图书情报工作，2022，66（1）：11-21.

人文地理与城乡规划专业
课程思政路径探索①

孙永兴　徐秀云　郭剑英　刘洪江

（乐山师范学院旅游学院）

摘要：课程思政是高校落实立德树人根本任务的重要举措，也是培养合格社会主义建设者和接班人的需要。目前，虽然课程思政在人才培养方面取得了一定的效果，但还存在思政元素挖掘不够、思政元素与课程专业教育的内容融合度不够、专业课教师的课程思政意识不到位等问题。尤其是目前，国内尚未形成标准的课程思政教学模式。为此，本文在人文地理与城乡规划专业中深入挖掘课程教学中的思政元素资源，对学生进行社会主义核心价值观，创新意识、创新思维、创新方法和创新精神，法制观念，工匠精神和科学精神及生态文明建设理念等方面的思想政治教育，力求达到和思政课同向发力的效果，力求探索提高专业实践教学课程思政建设成效的有效途径。

关键词：课程思政；实践教学；地理科学；思政元素；思政案例

2020 年 6 月，教育部印发《高等学校课程思政建设指导纲要》，在所有高校、所有学科专业全面推进课程思政建设，要求高校深化教育教学改革力度，充分挖掘各类课程思想政治资源，充分发挥好每门课程的育人作用，全面提高人才培养质量。高等院校的根本任务就是立德树人。办好学校思政课，事关中国特色社会主义事业后继有人，是培养一代又一代社会主义建设者和接班人的重要保障。2019 年 8 月，国务院办公厅《关于深化新时代学校思想政治理论课改革创新的若干意见》指出，深度挖掘高校各学科门类专业课程蕴含的思想政治教育资源，解决好各类专业课程与思政课相互配合的问题，发挥所有课程的思政育人功能。2019 年 3 月，习近平

---

①　四川省 2021—2023 年高等教育人才培养质量和教学改革项目（项目编号：JG2021-1246）、乐山师范学院教改项目"基础地质学"等资助。

总书记在主持召开学校思想政治理论课教师座谈会上，指出"办好思想政治理论课关键在教师"，办好思想政治理论课，最根本的是要全面贯彻党的教育方针，解决好培养什么人、怎样培养人、为谁培养人这个根本问题。要用好课堂教学这个主渠道，思想政治理论课要坚持在改进中加强，提升思想政治教育亲和力和针对性，满足学生成长发展需求和期待，其他各门课都要守好一段渠、种好责任田，使各类课程与思想政治理论课同向同行，形成协同效应。

在传统的专业教学中，教师往往只关注学生的专业教育、对专业知识和专业技能的掌握程度，忽视对学生进行思想政治的引导，最终培养出的学生并不是又红又专的高素质人才。如何打破课程思政与专业课程教学相互隔绝的"孤岛效应"？这是新时代中国高校面临的重大课题。

人文地理与城乡规划专业开展课程思政改革具有天然优势。一是可运用自然辩证法的方法和逻辑讲授学科体系和知识体系，把马克思主义立场、观点和方法贯穿到教材编写和课堂教学中。二是把专业知识与科学精神紧密融合，讲述本领域科学家故事，特别是让学生熟知的李吉均、刘昌明、崔鹏、陆大道、傅伯杰等院士的求学经历和学术贡献，激发学生追求真理、勇攀科学高峰的科学家精神。三是让学生从地理学专业角度认识和理解我国的基本国情，特别是西部地区的自然条件和资源环境特点，培养学生的家国情怀，提升学生的国家认同感。四是将国家发展战略融入课堂讲授，用地理科学解读"生态文明建设""黄河流域生态保护和高质量发展""一带一路""双碳行动"等国家重大决策实施的重要意义，帮助学生理解党的路线方针政策，提高学生的社会使命感和勇于投身国家建设的时代担当。通过上述路径，可实现专业技能学习与思想政治教育同步发展。

一、优化课程思政整体设计

培养目标：人文地理与城乡规划专业立足于实现新时代高等教育"立德树人"的根本任务，秉承"以学生为中心"的理念，以课程思政为抓手，传承乐山师范学院"弘毅自强、笃学践行"的校训，形成"重基础、强应用、敢创新"的人才培养模式，着力培养具有家国情怀、科学精神、专业素养的人文地理学复合型应用型创新性人才，实现价值引领、能力培养、知识传授的有机统一。

教学大纲：以培养目标为基础，重新梳理教学大纲，明确思政元素在专业传授过程中的体现方式，使"课程思政"贯穿教学全过程。

教学设计：深入挖掘自然地理学、人文地理学、基础地质学、工程地质学、土地资源学等专业实践内容中所蕴含的育人要素，让实践内容对接国家重大战略支撑，并开展爱国主义教育主题活动；教学过程中注重发挥学生自主探索、勇于实践的能动性，并成为主动践行者。

教材修订：根据专业培养要求、大学生的身心发展特点与规律，重新修订/完善专业实践教学指导书，力求传授地理科学专业知识的同时，兼顾内隐价值观。

教学评价：将学生平时表现和讨论过程作为重要的考核评价标准之一，而且要建立长效追踪评价机制，以考查学生在平时表现和课程结束之后在"做人、做事、做学问"方面的实效与成效，同时分析该课程在学生毕业能力和素质培养要求中的贡献度。

二、思政元素融入实践教学路径探索与实践

教学过程是课程思政建设的主渠道，课程全过程的思政教育是实现人才培养目标的重要环节，也是高等教育支撑新时期国家目标的核心保障。地理科学的实践教学不仅能够突破室内 45 分钟课堂教学的时间限制，而且能够有效针对典型的地理场景进行面对面的"对话型"知识传授，同时还包括学生的生活、课外活动、心理、人际交流等日常点滴，因而，在专业实践教学中推进课程思政建设，其价值引领的效果更加明显。深入挖掘专业实践中所蕴含的育人要素，如理性思维、科学态度、创新精神、实践能力、道德规范、优秀传统文化、工匠精神、法治与环保意识、心理健康、社会责任、家国情怀等，并将其如"盐"般地融入实践教学这个"煲汤"全过程，同时注重"咸淡适宜"，让学生入口、入味、入脑、入心。

针对不同专业课程成立相应的课程思政团队，教学过程针对性地开展课程思政教育。

（一）自然地理课程

用马克思辩证唯物主义观点指导自然地理学教学任务和研究方法。将马克思主义立场、观点和方法应用到自然地理要素的特征、形成机制、发展规律等任务和研究方法中去，实现专业知识与科学观点的紧密融合（如图 1 所示）。用国家发展战略指导教学内容。用生态文明、"一带一路"、

国际合作、人类命运共同体等指导教学内容，培养应用型人才，尤其注重与现场实践教学有机结合。科学合理地利用网络教学资源，开展智慧课堂建设，构建线上线下教学育人机制，用老一辈科学家无私奉献、科学前缘探索、美丽中国建设等实例，培养学生的家国情怀。

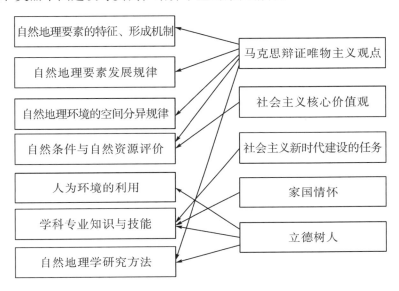

图1 自然地理课程思政元素

（二）地质学基础、工程地质学课程

"地质学基础""工程地质学"是地理科学类专业的基础课程，担负着专业入门知识启蒙和地学价值观启迪的重要作用。地质学作为研究人类与地球和谐发展关系的最基本的科学，能充分体现出马克思主义哲学唯物观、社会主义核心价值观和习近平新时代中国特色社会主义思想的有机融合。地质学基础课程内容中不仅包含了系统论、事物发展规律、矛盾论和实践论等丰富的哲学思维育人元素，也体现了物质与运动、时间和空间及对比与联系相统一的哲学思想，为课程思政建设提供了鲜活的事例和素材。

本科课程做法是以专业基础知识为主线，提取哲学思维、国家力量、家国情怀、科学精神、人文素养五个方面的育人元素。通过实践，达到了培养地学人才和陶冶情操、提升素质的"同向同行"育人目标。

（三）人文地理学课程

人文地理学是地理学科体系中的重要组成部分，是探索研究人类活动空间差异、空间组织以及人类与地理环境之间相互关系的学科。该课程与课程思政具有密切联系，一是人文地理学是地理科学中的社会科学，二是思政工作需要哲学社会科学作为理论基础。人文地理学和课程思政育人的结合点如图 2 所示。

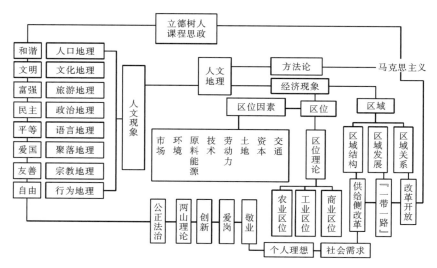

图 2　人文地理知识与思政育人结合点

（四）土地资源学课程

土地资源学课程在专业培养目标中的定位是专业基础课，具有基础性、综合性，兼具专业概论课程的特点。围绕土地资源学课程定位，可将课程内容分为理论模块、方法模块和实践模块三类。理论模块主要包括土地资源概念、基础理论及分类和发展三个内容。方法模块包括土地资源调查、评价、利用和保护等内容。实践模块包括室内实验和野外实习两个内容。模块化教学与生态文明的复合设计，不仅有利于教师教授专业理论知识，还有利于传播先进思想，弘扬传统文化，使学生树立正确的世界观、自然观和方法论。

"寸土寸金总关国计，一垄一亩承载民生"的家国情怀、"绿水青山就是金山银山""珍惜土地资源、建设美丽家园"的生态文明思想、"整治一方地，造福万家人"的使命担当、"但存方寸地，留与子孙耕"的可持续发展战略，为土地资源学课程思政元素导入和融入思政素材提供了重要途径（如图 3 所示）。

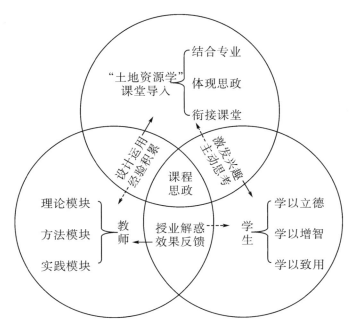

图3 土地资源学与思政育人融入点

三、结论与建议

人文地理与城乡规划专业注重"人地和谐"，在实践教学中加强课程思政建设，不仅能够弘扬劳动精神，而且能够让学生在实践中增长智慧，在艰苦奋斗中锤炼意志品质；同时有利于培养具有家国情怀、集体精神和创新思维的中国特色社会主义事业建设者和接班人。

参考文献

［1］习近平在全国高校思想政治工作会议上强调：把思想政治工作贯穿教育教学全过程 开创我国高等教育事业发展新局面［N］.人民日报，2016-12-09.

［2］李有桂，吴祥，朱成峰，等.课程思政视域下高校教师人文素养的培育［J］.高教学刊，2020（31）：169-171.

［3］柴波，周建伟，李素矿.地质类专业课程的课程思政设计与实践［J］.中国地质教育，2020，29（2）：58-61.

［4］郑承志. 屈原文化讲座［R］. 中国地质大学秭归产学研基地，2019.

［5］刘嘉麒. 通晓万物　纵览天下：刍论地球科学文化［R］. 2018年地球科学与文化研讨会，2018.